Maria-Christine Leitgeb · Drachen, Ritter, böse Nixen

Maria-Christine Leitgeb

Drachen, Ritter, böse Nixen

Eine sagenhafte Reise um den Wörthersee

Begleitet durch den Wissensschatz aus der Region
von Valentin Stossier

Edition Kunstschrift

Vorwort 6

Wie der Wörthersee entstand 18

DICHTUNG 20

Das Wörtherseemandl 24
Das versunkene Schloss im Wörthersee 26
Kollektivschuld und Erlösung 31
Wasser als Strafe 33

WAHRHEIT 36

Eiszeit und Gletscherschmelze 37
Maria Wörth – Wie der Wörthersee zu seinem Namen kam 42

Der See und seine Gefahren 46
Von Nixen, Wassermännern und anderen Geistwesen

DICHTUNG 48

Der Schwarze Felsen vom Wörthersee 50
Die Rache der Seenixe 51
Der Wassermann im Wörthersee 53
Elementargeister 54
Verlockung: Erotik und Probe 58

WAHRHEIT 64

„Åba drin in mein Herzlan, då is mir so schwar" – Die traurige Geschichte
der Ottilie Freiin von Herbert 67
Der Viktringer Künstlerkreis und das wilde Südufer 73
Gustav Mahler und die Villa Schwarzenfels 75
„Das wahre Tier, das wilde, schöne Tier" – Alban Berg
und „die Urgestalt des Weibes" Lulu 86

Reifnitz und Leonstein 92
Zwei Burgen und eine Schlangeninsel

DICHTUNG 94

Die Schlange von Reifnitz 97
Die Frau von Leonstein 101
Schuld und Sühne oder die Erfindung des Fegefeuers 106
Dämonische Tiere und tierische Dämonen 108

WAHRHEIT 112

Die Margarethen-Kapelle und der Hexenstein — Heiden und Christen
im Kärntner Unterland 113
Burgen, Osmanen und Bauernaufstände 118
Pörtschach, Brahms und die „österreichische Riviera" 130

Eine Seerundfahrt 140
Eine kleine Geschichtskunde mit Valentin Stossier

Stadt der Klagen 158
Von Schlangen, Lindwürmern und anderen Ungeheuern

DICHTUNG 160

Die Schlangen im Glantal 161
Der Lindwurm 163
Wie Klagenfurt zu seinem Namen kam 165
Der Türmer zu Klagenfurt 166
Der steinerne Fischer 167
Von Drachen und Schlangen 170

WAHRHEIT 178

Klage und Glan: Woher der Stadtname Klagenfurt kam 179

Anhang 184

Vorwort

Um alles menschlichen Sinnen ungewöhnliche, was die Natur
eines Landstrichs besitzt, oder wessen ihn die Geschichte gemahnt,
sammelt sich ein Duft von Sage und Lied ...

Jacob Grimm, Deutsche Sagen, 1816/18, 1. Vorrede

Lügen Sagen? Was hat es mit versunkenen Städten auf sich und mit Schlössern, die nur alle hundert Jahre sichtbar werden – und dann nicht für jeden? Was mit den Ungeheuern aus grauer Vorzeit, die über Landstriche wachen und die es zu besiegen gilt, will man das Land urbar machen? Entspringen sie allein dem Reich der Fantasie oder steckt in ihnen ein Körnchen Wahrheit?

Anders als das Märchen, das eine frei erfundene Handlung erzählt, nicht örtlich und nicht zeitlich festgelegt, ist eine Sage an einen realen Ort oder eine konkrete Person gebunden, die da oder dort einmal gelebt hat. Dies erweckt den Eindruck, als seien die fantastischen Ereignisse, von denen die Sage berichtet, einmal genau so oder zumindest auf ähnliche Art und Weise geschehen. Und das ist es auch, was dem Publikum der Sagen Halt darin verleiht: der unbedingte Glaube an die Wirklichkeit des Erzählten. Das Märchen ist poetischer, die Sage jedoch historischer.[1] Jacob Grimm gesteht ihr eine, wie er sagt, „innere Wahrheit" zu. Dennoch hat es wohl nie einen Lindwurm im Klagenfurter Becken gegeben und mit hoher Wahrscheinlichkeit haben auch die Hadischen Leut' nie an den Abhängen über dem Wörthersee gehaust.

Was hat es dann auf sich mit den Sagen? Weshalb lesen wir sie eigentlich? Womöglich, weil sie ein Produkt der Auseinandersetzung mit unserer eigenen und der uns umgebenden Natur sind, die beide auch heute noch Rätsel aufgeben und bei Weitem nicht so transparent sind, wie wir im hellen Licht des Tages gerne verlautbaren. Zu uns Menschen gehört unser mythisch-magisches Bewusstsein. Wären wir ganz auf die nüchterne Sicht auf die Welt, wie sie seit der Aufklärung etabliert wurde, zurückgeworfen, wären wir bedauernswerte Wesen. Nicht alles ist Betrug, was sich der Kontrolle der Vernunft entzieht.

Erzählungen wie Märchen oder Sagen sind sinnstiftend. Sie helfen dabei, die zutiefst empfundene Verlorenheit, die uns Menschen eignet, wettzumachen. Wer von uns will nicht wissen, woher wir kommen und wohin wir einmal gehen werden? Und haben wir nicht alle das Bedürfnis nach einem Sinnzusammenhang, weil dieser uns Orientierung gibt und Geborgenheit verspricht? In ihrer bildreichen Art liefern die ins Fantastische übersteigerten Sagenerzählungen Deutungshintergründe. Sie dienen dazu, die eigene Herkunft zu erklären und mitunter auch zu legitimieren. Die Anderswelt, die sie entwerfen, ist dabei ein Spiegel für die Welt, in der wir leben. Die eine lässt uns die andere besser verstehen. Der Wahrheitsgehalt einer Sage liegt dabei nicht im rein Faktischen. Vielmehr verschmelzen in ihr Dichtung und Wahrheit, Fiktion und Wirklichkeit, Vergangenheit und Gegenwart in eins.

Sagen lügen nicht, haben jedoch eine gewisse Freiheit im Umgang mit der Wahrheit. Hier werden Dinge miteinander in Verbindung gebracht, ja komprimiert, die so nie zusammengehört haben. Hier werden historische Ereignisse einer Zeit überformt, in der es keine Schriftlichkeit gab und in der Vergangenes genauso im Dunklen lag wie Zukünftiges: Ereignisse, die in der Form mündlicher Tradierung von einer Generation in die nächste getragen wurden und die von Mal zu Mal durch neue Ausschmückungen an Dramatik und Bedeutung gewonnen haben.

Sage ist nicht gleich Sage. Allenthalben bekannt sind die Göttersagen oder Mythen, wie sie etwa im antiken Griechenland in unnachahmlicher Art und Weise erzählt worden sind. Der Mythos berichtet von der Entstehung der Welt und den Kämpfen zwischen den Göttern, die vor allem in den Anfängen kaum von ihren Zuständigkeitsbereichen zu trennen sind und als solche die damalige Welt ausmachen. Der Mythos war die Religion der Griechen. Er verdankt sich der Schöpfungskraft seiner Autoren, seiner Dichter, die jedoch die Wahrheit, die sie transportierten und in Worte kleideten, nie als ihre eigene verstanden, sondern als eine Offenbarung des Himmels. Sie selbst betrachteten sich lediglich als das

Medium, durch das hindurch der Mythos sich zeigte. Ihrem Selbstverständnis nach waren die Dichter Seher. Selbst noch der römische Autor der *Äneis*, Vergil, sprach von sich als „vates" — er war Dichter und Seher in einer Person. Die Griechen haben die Grundlagen ihrer Weltdeutung von ihren Dichtern und nicht — wie wir — von ihren Wissenschaftlern gelernt. Sie ist ein Produkt dichterischer Wirklichkeit und daher auch so durchwirkt vom Wundersamen.

Neben den Göttersagen stehen seit jeher die Heldensagen, die das Geschick ganzer Herrscherdynastien in den Blick rücken. Sie erzählen vom Aufstieg oder Untergang großer Reiche. Im Bereich des Fiktiven angesiedelt, begründen sie sich immer auch in wahren Begebenheiten. So hat allein die genaue Lektüre der homerischen Epen zur Auffindung von Troja geführt. Heinrich Schliemann hat den Stoff für bare Münze genommen. Er hat ihn so ernst genommen, dass er sich bei seinen Grabungen an Homers genauer Beschreibung der örtlichen Gegebenheiten wie etwa der beiden Stadtflüsse Simoeis und Skamandros orientiert hat — mit Erfolg.

Die Heldensage ist der Volkssage, wie wir sie kennen, verwandt, wenngleich auch letztere keine namhaften Autoren aufweisen kann, sondern sich der mündlichen Tradierung verdankt. Daher der Name „Sage", der sich vom althochdeutschen „saga" für „Gesagtes" ableitet. Und auch ihre Protagonistinnen und Protagonisten sind vielleicht nicht ganz so heroisch. Das Personal ist einfacher, und es agiert in einem weniger glorreichen Umfeld. Das gilt für übernatürliche Wesen genauso wie für Menschen. Hier stehen nicht Odin oder Zeus im Blickfeld der Erzählung, sondern kleinere Naturgeister wie Feen, Zwerge oder Drachen, allesamt Bilder für die Natur, die man sich innerhalb des mythischen Denkens — und zwar über die Landesgrenzen hinweg — als belebt und beseelt vorgestellt hat. Dass man sich in Griechenland etwa jeden Baum von einer schönen Baumnymphe beseelt gedacht hat, hat sogar einen Niederschlag in der Grammatik gefunden: Sämtliche Bäume haben weibliches Geschlecht, auch wenn sie mitunter wie die Platane — (Altgriechisch: „πλάτανος") — maskuline Endungen aufweisen.

Sage ist nicht gleich Sage — und Volkssage nicht gleich Volkssage. Je nach Motiv beziehungsweise Entstehungshintergrund lassen sich Formen der Sage unterscheiden. Erzählt sie etwa davon, wie ein See oder ein Felsmassiv entstanden ist oder seinen Namen bekommen hat, dann spricht man von einer *aitiologischen Sage* (von griechisch „αἴτιον" (aition) für „Ursache").

Die *Natursage* handelt von dämonischen Wesen wie Drachen oder Lindwürmern. Ihre Protagonistinnen und Protagonisten sind Wassernymphen oder -männer, Naturgeister oder Geistererscheinungen. Sie sind zumeist an lokale Auffälligkeiten oder topografische Gegebenheiten gebunden.

Die *Geschichtssage* nimmt auf historische Namen oder Orte Bezug, Burgen etwa, die im Weiteren als Grundlage für die wundersame Erzählung dienen. Die Handlung, die rundherum gesponnen wird, ist dabei relativ frei.

Für all diese Formen gilt: Die Sage lügt nicht. Es geht also bei der Suche nach ihrer faktischen Substanz lediglich darum, den Kern an Wahrheit in der entstandenen Erzählung aufzufinden und diesen zum Anlass für eine Spurensuche zu nehmen: Sie wird von der Fiktion in die Realität führen. Die Sage ist stets ein Produkt der Erfahrung der Grenze. Sie wäre ohne sie nicht denkbar. In das Niemandsland jenseits des Horizonts zwischen Realität und Fiktion vorzudringen, war zuallererst einmal Sache der Erzählerinnen und Erzähler. Sie berichteten von jener anderen Welt – und gaben damit den Impuls, die imaginäre Grenze dorthin zu überschreiten. Den realen topografischen Gegebenheiten wird jeweils eine numinose Geografie gegenübergestellt, die von der mythischen Präsenz dämonischer Wesen oder Geschehnisse erzählt: Landstriche, auf denen ein Fluch oder ein Segen lastet, Flurnamen, die von längst vergangenen unheimlichen Begebenheiten erzählen, und so weiter. Die numinose Geografie legt sich dabei wie eine zweite Ebene der Interpretation über die reale und verleiht ihr einen neuen symbolischen Gehalt und eine tiefere Bedeutung. Es wird sich zeigen, ob sich die Region auch auf dem Weg des Wundersamen, Spekulativen, auf eine ganz neue Weise erschließt.

Nicht alles kann man jedoch aus Büchern erfahren. Will man eine Gegend wirklich gut kennenlernen, ist der Kontakt zu jemandem, der seit Generationen in ihr verwurzelt ist

Valentin Stossier

und sie wie seine Westentasche kennt, fast ein Muss. Nur Ortskundige können einen tieferen Einblick gewähren und vielleicht die eine oder andere Brücke schlagen zwischen damals und heute und den verschiedenen Überlieferungen dazu. Wenn derselbe dann auch noch ein guter Erzähler ist und sich dazu bereit erklärt, den reichen Schatz an Sagen seiner Heimat, die er gesammelt hat, mit uns zu teilen, ist das als eine glückliche Fügung zu bezeichnen.

Valentin Stossier ist so jemand. Er stammt aus einer der ältesten Pörtschacher Familien, die am 6. Februar des Jahres 1644 zum ersten Mal in der Matrikel der Kirche Maria Wörth Erwähnung findet. Seit damals haben die Stossiers das Geschick ihres Heimatortes über Jahrhunderte hinweg als die Hofmüller von Burg und Schloss Leonste(a)in aktiv mitgestaltet. An jenem 6. Februar vor beinahe vierhundert Jahren heiratete ein Valentinus Stossier in der kleinen Wallfahrtskirche auf der Insel, die dem gegenüberliegenden Seeufer vorgelagert ist. Der Februar gilt heutzutage landläufig nicht als der klassische Hochzeitsmonat. Am Wörthersee war das damals jedoch anders. Um diese Jahreszeit war der See nämlich zumeist zugefroren und man konnte ungehindert von Pörtschach aus über das Eis nach Maria Wörth gelangen, wo sich damals die einzige Pfarrkirche in der ganzen Gegend befand. In Pörtschach selbst gab es lediglich eine kleine Taufkirche. Die brauchte es, weil die Säuglingssterblichkeit in diesen Zeiten noch sehr hoch war und man kein Kind ohne das Sakrament der Taufe gehen lassen wollte. Da war das Zeitfenster mitunter eng bemessen und erlaubte kein Übersetzen ans andere Seeufer mehr.

Die Taufkirche lag im Übrigen nicht weit entfernt von der einstigen Hofmühle, die die Stossiers im Dienst der wechselnden Herren von Burg und Schloss Leonste(a)in betrieben. Das wissen wir aus dem *Memorabilienbuch* der Pörtschacher Pfarrkirche, die schließlich Mitte des 18. Jahrhunderts errichtet worden war. Der Eintrag dort stammt von einem gewissen Paul Stossier, seines Zeichens Müller und ein Vorfahre unseres Sagenerzählers.

Von der ersten Erwähnung der Stossiers im Jahr 1644 bis zum Jahr 1730 besteht eine Art blinder Fleck in der Stossier'schen Familienchronik. In diesen rund neunzig Jahren schweigt die Geschichte über sie, dann je-

Die ehemalige Hofmühle der Familie Stossier

doch tauchen die Stossiers wieder auf, dieses Mal als die rechtmäßigen Eigentümer der Hofmühle.

Ein Vertrag zwischen Paul Stossier und einem Mitglied der Familie Kenzian, damals Miteigentümer des Etablissements Werzer, belegt, dass sich die Stossiers eine nicht unbedeutende Menge Geld von den Kenzians geborgt hatten, um die Hofmühle abzulösen. In der Hofmühle wurde das Getreide aus der ganzen Gegend gemahlen. Da die Bauern oft sehr arm waren, bezahlten sie für das Mahlen gelegentlich auch mit einem Teil des mitgebrachten Getreides. Insofern war es naheliegend für die Mühlenbetreiber, der Mühle auch noch eine eigene Bäckerei anzuschließen. Ein Sägewerk gehörte bald auch dazu – es wurde mit dem Wasser des Mühlbachs angetrieben –, ebenso ein florierender Holzhandel. Das Holz dafür gewann man ausschließlich auf der Südseite des Sees. Es musste im Winter mit Fuhrwerken über das Eis nach Pörtschach gebracht werden, weil es auf der unwegsamen Südseite damals noch keine Straße gab – und das sollte auch noch länger so bleiben. Dass es dabei auch zu Unfällen kam, liegt auf der Hand. Die Chronik des Ortes ist reich an Schilderungen davon, wie ganze Fuhrwerke samt Pferden und ihren Lenkern einfach im See verschwanden. Zumeist ereigneten sich diese

Unfälle dann erst am Nordufer, weil hier das Wasser wärmer war. Schließlich erreichte den südlichen Teil des Sees den ganzen Winter über kein einziger Sonnenstrahl. Dort lief man naturgemäß seltener Gefahr einzubrechen. Abgesehen von einigen Ausnahmen natürlich: Einem Artikel, der am 30. November 1897 in der *Klagenfurter Zeitung* erschienen ist und sich im Besitz unseres Erzählers Valentin Stossier befindet, kann man Folgendes entnehmen:

Ein Unfall auf dem Wörthersee, der zum Glücke wenigstens kein Menschenleben forderte, hat sich Donnerstag Abends in der Nähe von Reifnitz ereignet. Ein Holzfuhrmann Namens Sore fuhr mit seinem Schlitten von Reifnitz über den See, um seine Holzladung und das Pferd, das er an Herrn Juritsch verkauft hatte, bei Maiernigg abzuliefern. Auf dem jungen Eis nächst Reifnitz brachen Pferd und Schlitten ein. Der Fuhrmann, der weislich hinter dem Gefährt geblieben war, kam mit dem Schreck davon.

Im Jahr 1900 verkauften die Stossiers die Hofmühle. Getreide war als Familiengeschäft passé, jedoch dem Zerkleinern von Lebensmitteln blieb man in gewisser Weise treu und widmete sich dem Pressen. Schon zu Mühlenzeiten waren Bauern aus dem Umkreis von bis zu zwanzig Kilometern mit ihrem Obst zu den Stossiers gekommen, da sich deren Pressen durch ein besonders innovatives Verfahren auszeichneten: Die Obstmaische wurde nach dem Vermahlen in dünne Tücher eingepackt und mit Zwischenlagen aus geflochtenen Weidenhölzern gestapelt. Die Presszeit konnte auf diese Weise von den üblichen zwei Stunden in herkömmlichen Korb- oder Baumpressen auf nur mehr maximal eine Viertelstunde reduziert werden. Zugleich stieg die Saftausbeute von rund sechzig Prozent auf beachtliche achtzig. Grund genug für viele, mitunter auch eine weitere Anreise in Kauf zu nehmen.

Nach und nach hatte sich das Pressen, das ursprünglich nicht mehr als ein kleiner Service gewesen war, den man neben dem Mahlen von Getreide angeboten hatte, zum Hauptgewerbe entwickelt. Nachdem nun die Hofmühle aufgegeben worden war, bezog

Jahresrechnung für Robert Semmelrock, Besitzer des Hotel Werzer in Pörtschach, aus dem Jahr 1892–1893. Es wurden 940 Liter Apfelsaft gepresst und im Sägewerk verschiedene Hölzer geschnitten.

Valentins Großvater im Jahr 1929 das neue Fabriksgelände in der Nähe des Frachtenbahnhofs von Pörtschach. Das L-förmige Firmengebäude an der Pörtschacher Hauptstraße 136 diente damals wie heute auch als großzügiges Wohnhaus. Ebenerdig befand sich die Produktionshalle, in der auch bald Pressen für die Industrie angefertigt wurden, und im ersten Obergeschoß waren die Wohnräume der Familie. Das ist auch heute noch so. Für das Pressen nach der Methode Stossier erhielt Valentins Vater im Jahr 1930 ein Patent. Die Pörtschacher Familie gehörte von da an zu den Vorreitern im Pressenbau, und zwar auch auf internationaler Ebene.

Valentin, der das Pörtschacher Traditionsunternehmen von seinem Vater übernommen hat, wuchs zwischen diversen Pressen und dem See auf. Seine Verbundenheit mit dem Wörthersee, seinem Heimatort, und mit der ganzen Region reicht bis in seine früheste Kindheit zurück. Er verfügt nicht nur über einen reichen Fundus an Dokumenten — eine Art Privatarchiv —, die die Geschichte seiner Heimat wieder lebendig werden lassen und die er uns großzügig zur Verfügung gestellt hat, sondern auch über einen reichen Schatz an Sagen, die er sich bereit erklärt hat, neu zu erzählen.

Im Folgenden sollen der Wörthersee und die angrenzenden Regionen in ihren mythischen, im wahrsten Sinn des Wortes sagenhaften und wiederum ganz realen Gegebenheiten dargestellt werden. Die Dichotomie Dichtung versus Wahrheit verleiht dem sagenhaften Reiseführer dabei zugleich seine Struktur. Während in jedem der vier großen Kapitel unter „Dichtung" die Sagen erzählt und interpretiert werden, verstehen sich die jeweils anschließenden Betrachtungen unter „Wahrheit" als Spurensuche; den Geschichten realer Personen und belegbaren Fakten verpflichtet.

Wie der Wörthersee entstand

DICHTUNG

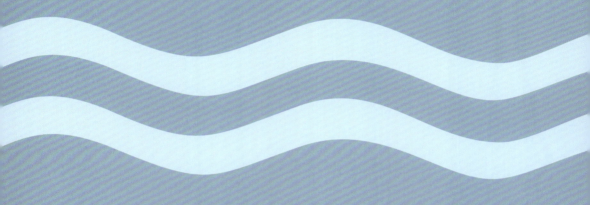

Die älteste Geschichte jedweden Volkes ist die Volkssage.

Jacob Grimm, Von Übereinstimmung der alten Sagen, 1807

Herausragende Landschaftsformationen wie ein markantes Bergmassiv oder ein großer See, die für die angrenzende Region in vielerlei Hinsicht bestimmend sind, waren von jeher Projektionsfläche für die menschliche Fantasie. Ist ihre auffällige Form wirklich Produkt des Zufalls der Natur, oder verdankt sie sich womöglich dem Einwirken übernatürlicher Kräfte? Die Erzählform der Sage ist als Versuch zu werten, Antworten auf all diese Fragen zu geben. Sie erdichtet dabei eine Welt neben der Welt der Natur, wie wir sie kennen und erleben, indem sie real Gegebenes verbildlicht und mit einem tieferen Sinn belegt. Auch wenn sie die natürlichen Dinge dabei stets im Übernatürlichen begründet, verdankt sie ihr Entstehen jedoch zumeist ganz greifbaren, konkreten Wahrnehmungen, die dann den realen Kern der Sage darstellen. Sie werden auf die eine oder andere Weise interpretiert. Die Art der Interpretation hängt jeweils von der vorherrschenden Glaubensvorstellung ab.[2]

Die zugrundeliegenden Wahrnehmungen selbst können dabei auf ganz unterschiedliche Weise zustande kommen. Sie können auf Beobachtungen Einzelner zurückgehen, die sie in der Natur gemacht haben, oder einem subjektiven seelischen Erlebnis entspringen, das selbst auch schon wieder in das weite Reich der Fantasie hineinreicht oder zumindest von dort inspiriert ist. An sich natürliche Erscheinungen, die man nicht sofort zuordnen kann, haben stets auch eine suggestive Wirkung: Töne, die man am Wasser vernimmt, werden als das Erklingen von Glocken gedeutet, das aus den Tiefen des Wassers an die Oberfläche dringt, Spiegelungen in den Tiefen des Sees als Überreste einer versunkenen Stadt und so weiter, hinter allem Realen steht dabei eine Metapher, ein Bild.

Markus Pernhart:
Pörtschach am Wörthersee

∗ Das Wörtherseemandl ∗

Das Südufer des Wörthersees ist eine schaurige Gegend. Westlich von Maiernigg fällt ein mit dunklen Bäumen bewachsener Abhang steil bis zum Wasser herab. Unter jenem Schwarzen Felsen, raunt man sich zu, kann man zu später Stunde die Kirchenglocken einer versunkenen Stadt läuten hören. Sie soll sich mit ihren prächtigen Palästen vor vielen Hunderten Jahren an dieser Stelle befunden haben. Ihren Bewohnern, sagt man, sei jedoch ihr Reichtum zu Kopf gestiegen und sie seien stolz und übermütig geworden. Für den Herrgott und ein maßvolles Leben hätten sie nur Hohn übriggehabt und über die Gesetze, göttliche wie menschliche, hätten sie sich, hochmütig, wie sie waren, hinweggesetzt.

So passierte es, dass sie einmal, an einem Karsamstag, ausgerechnet am Abend vor dem Osterfest, zu ausgelassenem Tanz und Gelage zusammenkamen. Auch als die Stunde schon spät war, dachten sie nicht daran, ihr rauschendes Fest zu beenden. Die Musik spielte laut, und der Alkohol floss in Strömen. Da öffnete sich mit einem Mal die Tür des prunkvollen Saales und ein eisgraues Männchen trat ein. Es beobachtete das Festgelage eine Weile mit besorgtem Blick, dann jedoch rief es wütend: „Ihr gottlosen Menschen, wisst ihr denn nicht, welcher Tag heute ist und welches Fest wir morgen feiern? Geht nach Hause und tut Buße! Vielleicht entkommt ihr dann der gerechten Strafe noch!" Zur Antwort erhielt das Männchen lediglich höhnische Blicke und spöttisches Gelächter. Verdrossen entfernte sich der Alte. Das Tanzen war nur noch wilder und das Getöse nur noch lauter geworden. Kurz bevor die Glocken die Mitternacht verkündeten, betrat der Warner wieder den Saal. Dieses Mal trug er ein Fässchen unter dem Arm. Er ermahnte die Feiernden ein zweites Mal, das Fest sofort zu beenden. „Wenn ihr mir nicht gehorcht", fügte er hinzu, „öffne ich den Hahn dieses Fässchens und Tod und Verderben kommen über euch." Abermals bekam er nur Hohn und Spott zur Antwort.

Da schlug es Mitternacht. Sämtliche Lichter erloschen, die Mauern begannen zu beben, und ein heftiges Gewitter entlud sich über der ganzen Stadt. Der Sturm heulte, Regen floss in Strömen. Der warnende Alte war

Das Wörtherseemandl

verschwunden, sein Fässchen lag jedoch mit geöffnetem Hahn im Saal und schier endlose Fluten entströmten daraus. Das Wasser drang in alle Räume und es hörte nicht auf zu strömen, bis die ganze Stadt und die umliegenden Dörfer überschwemmt waren und jedes Werk aus Menschenhand vollständig bedeckt war. Die Stadt war verschwunden, ihre ruchlosen Bewohner tot.

Heute befindet sich an dieser Stelle der Wörthersee. In seinen unergründlichen Tiefen sollen die Kirchen und Paläste begraben sein. In ihnen, erzählt die Sage, hausen nun Fische von ungeheurer Größe und riesige Wasserschlangen. Fischer meiden die Gegend. Sie fürchten das unheimliche Läuten der Glocken, das an Sommerabenden aus der Tiefe zu ihnen hinaufdringt. So mancher von ihnen berichtet, er hätte die Spitze des Stadtkirchturms gesehen und sein Boot nur mit Mühe darum herum steuern können. Er habe Angst davor gehabt, es könne daran zerschellen und in den Wellen versinken.

* Das versunkene Schloss im Wörthersee *

Nicht unweit vom Schwarzen Felsen befand sich einst eine saftige Wiese. Hier weidete ein Hirtenknabe oft seine Schafe. Er war gerne hier. Ganz besonders vom See fühlte er sich angezogen. So saß er oft stundenlang an dessen Ufer und blickte auf das schwarzblaue Wasser hinab. Wenn die Wellen ans Ufer rauschten, glaubte er manchmal, ein dumpfes Glockenläuten zu hören.

Eines Nachmittags, als er so dasaß und seinen Träumereien nachhing, wurde das Wasser mit einem Mal durchsichtig wie Glas, und er konnte bis auf den Grund des Sees hinunterblicken. Dort stand ein wunderschönes Schloss, drei Stockwerke hoch und mit einem riesigen Glockenturm. Das Schloss lag auf einem Hügel, umgeben von Bauernhäusern, die genauso aussahen wie jene, die er aus den umliegenden Dörfern kannte. Wieder war nun das seltsame Läuten zu hören. Und waren da nicht auch menschliche Stimmen? Ein Singsang, der aus den Tiefen zu ihm heraufdrang? Der Hirtenknabe staunte nicht schlecht, als nun auch seine Augen etwas Aufblitzendes erfassten. Als er genauer hinsah, erkannte er drei goldene Fische, einen großen und zwei kleine. Traurig schauten sie ihn durch das Wasser an. Solche Fische hatte er noch nie gesehen. Was hatte das zu bedeuten?

Als die Sonne hinter den hohen Bergen im Westen unterging, war der Spuk zu Ende. Das Schloss, die Bauernhöfe und die Fische verschwanden wieder, ganz so, als wären sie nie da gewesen. Nachdenklich trieb der Knabe seine Schafe nach Hause und sann über das wundersame Geschehnis nach.

Am nächsten Tage war er wieder zur Stelle. Die Neugierde hatte ihn kaum schlafen lassen und an denselben Platz zurückgetrieben. Da war es wieder, das Schloss, und auch die Glocken läuteten wieder und aus dem Wasser erklang der Gesang. Bald kamen auch die drei goldenen Fische wieder herbei. Noch nachdenklicher als am Tag zuvor trieb der Hirte seine Schafe nach Hause. Ohne sein Abendessen auch nur anzurühren, ging er zu Bett. In jener Nacht tat er kein Auge zu, so sehr sehnte er den nächsten Tag herbei, an dem sich das wundersame Schauspiel womöglich wiederholen würde. Gleich am nächsten Morgen lief er an die gewohnte Stelle, und wirklich: Kaum war er ans Ufer getreten, kamen die drei goldenen Fische angeschwommen, zuerst der große, und hinter ihm die beiden kleineren. Alle drei blickten sie ihn mit ihren traurigen Augen an. Er vermeinte sogar, ein leises Flehen zu hören: „Erlöse uns, bitte erlöse uns!", schienen sie zu klagen.

Dem Hirtenknaben wurde angst und bange. Aber was sollte er tun? Er wusste es nicht. Und obwohl Mitleid sein Herz schier zusammendrückte, blieb er regungslos sitzen, bis die Sonne zum dritten Mal hinter den Bergen im Westen versank. Noch standen die Fische unbeweglich an derselben Stelle im Wasser, noch hörte er das Läuten der Glocken und den wundersamen Gesang wie schon an den Tagen zuvor, da streckte plötzlich der große Fisch seinen Kopf aus dem Wasser und sprach:

„Hirte, warum hast du uns nicht erlöst? Wir leiden schon tausend Jahre, und die Rettung will nicht kommen. Ich sehe es wie heute vor mir, mein Schloss, das du nun auch dreimal geschaut hast. Hier wohnte ich einst mit meinem Gemahl und meinen beiden lieben Kindern. Ich wusste mein Glück jedoch nicht zu schätzen. Hochmut verstellte mir die Sicht auf meinen Reichtum und meine Schönheit, und auch der frühe Tod meines Gemahls konnte daran nichts ändern. Dann kamen die ersten Weihnachten nach seinem Hingang. Stürme heulten um das Schloss, und bald schon bedeckte tiefer Schnee Berge und Täler. Ungeachtet des Wetters riefen die Kirchenglocken zur Mette. Die Bauern trotzten dem Wetter und folgten ihrem Ruf, ich zog es hingegen vor, mit meinen Kindern zu Hause im warmen Schloss zu bleiben und im Kreis unserer Freunde und Verwandten zu feiern. Als der Klang der Glocken gerade den Beginn der Mette anzeigte, trat ein Diener zu mir und meldete, dass im Hof eine Bettlerin mit zwei Kindern stehe und um ein Nachtlager bitte. ‚Heute? An Weihnachten?', fragte ich zornig. ‚Gerade heute kann ich solches Gesindel nicht unter meinem Dach brauchen! Jage sie fort.' Daraufhin antwortete der Diener: ‚Die Frau lässt sich nicht abweisen. Sie will unbedingt mit Euch sprechen.' So eilte ich die Treppe hinunter in den Hof, wo die arme Frau in Lumpen gehüllt stand und vor Kälte zitterte. An ihre rechte Hand klammerte sich ein wohl fünfjähriges Mädchen, im linken Arm hielt sie ein weinendes Kind. Sie flehte mich an, ihr Herberge für die Nacht zu geben. ‚Kannst du nicht im Dorf schlafen?', fuhr ich sie an. ‚Für Gesindel wie euch habe ich keinen Platz!' ‚Herrin', schluchzte die Bettlerin auf, ‚habt Erbarmen mit uns und gebt uns wenigstens etwas zu essen. Wir haben solchen Hunger!' Mein Sohn, der nun auch herbeigekommen war, bat mich, den Armen doch von der warmen Suppe zu geben, die beim Nachtmahl übriggeblieben war. Ich aber schrie sie an: ‚Wenn du den ganzen Tag über nirgendswo etwas bekommen hast, gebe ich dir auch nichts!' Da sank die verzweifelte Frau vor mir in die Knie: ‚Seht doch unsere Kleider an! Sie sind zerschlissen und schützen uns nicht mehr vor der Kälte. Im Namen Jesu Christi bitte ich Euch um eine warme Decke, damit meine Kinder nicht in der Winternacht vor Kälte sterben müssen.' Ihre Stimme hallte durch den Hof. Inzwischen war auch meine Tochter herbeigekommen, sie berührte mich am Arm und versuchte, mich mit schmeichelnder Stimme zum Mitleid zu bewegen: ‚Liebe Mutter', sagte sie, ‚ich habe so viele Kleider. Darf ich den Kindern welche bringen, damit sie nicht so frieren müssen?' Was soll ich sagen! Ich blieb hart und ließ die Bettlerin samt ihren Kindern verjagen. Im Weggehen drehte sie sich noch einmal um und rief: ‚Vergeblich habe ich dich angefleht! Du hast ein Herz aus Stein! Mögest du mit all deinem Reichtum in die Erde versinken, und das Wasser des Sees soll über dir zusammenschlagen!' Der Sturm trug ihre Worte fort. Von der Kirche her hörte man die frommen Beter das ‚Ehre sei Gott in der Höhe' singen und die Glocken verkündeten eben jubelnd, dass der Erlöser der Welt geboren worden war. Dann senkte sich mit einem Mal der Erdboden unter uns. Wir sanken hinab in die Tiefe und über unseren Häuptern begann es zu rauschen. Ich verlor das Bewusstsein und als ich wieder zu mir kam, lag dunkles Wasser über dem Schloss und dem Dorf. Die Strafe Gottes hatte nicht nur mich und meine Kinder, sondern das ganze Dorf getroffen. Ich allein war schuld daran. Das wusste ich, aber die Erkenntnis kam zu spät. Seit damals flehe ich Tag und Nacht zu dem barmherzigen Gott, dass er die schreckliche Strafe von uns nehme. Alle hundert Jahre steigt mein Schloss nun an die Oberfläche des Wassers, die Glocken läuten, und das Singen der andächtigen Kirchenbesucher tönt aus dem Wasser. Ich komme mit meinen beiden Kindern ans Ufer geschwommen – für drei Tage jeden Tag. Kommt in dieser Zeit ein unschuldiges Kind zum Wasser und fragt, was das alles bedeuten soll, sind wir erlöst. Vor drei Tagen waren es tausend Jahre, seit wir auf Erlösung warten – und du hast nicht gefragt. Jetzt müssen wir wieder hundert Jahre warten, und wer weiß, ob dann ein Erlöser kommt."

Nach diesen Worten verschwanden die Fische, und mit ihnen das Schloss mit seinem hohen Turm. Der Gesang und das Läuten der Glocken verstummten. Tiefe Stille senkte sich über den See. Der Hirtenknabe erwachte wie aus einem Traum. Er lag im Ufergras. Als er staunend seine Augen aufschlug, stand der bleiche Mond am Himmel und die Sterne leuchteten. Hinter den Bergen im Süden braute sich ein fürchterliches Unwetter zusammen. Hohe Wellen rauschten ans Ufer, Blitze fuhren hernieder, begleitet von ohrenbetäubenden Donnerschlägen. Der Himmel tobte so entsetzlich, dass sich selbst die ältesten Leute nicht daran erinnern konnten, ein solches Gewitter je erlebt zu haben.

Am nächsten Morgen lag der See wieder friedlich da, die Leute aber erzählten einander, dass sie aus dem Sturm deutlich Stimmen vernommen hätten, die riefen: „Hundert Jahre, hundert Jahre!" Niemand verstand diese Worte, nur der Hirtenknabe wusste, was sie zu bedeuten hatten.

Diese beiden Sagen zur Entstehung des Wörthersees sind klassische Erklärungserzählungen, wie die meisten naturdeutenden Sagen: Sie setzen eine reale Gegebenheit in eine ursächliche Verbindung zu einem ursprünglichen Zustand. Sie erzählen von einem allerersten Anfang, davon, dass etwas ins Werden getreten ist. Sagen dieser Gattung gehören zu den wahrscheinlich ältesten Erzählungen der Menschheitsgeschichte. Sehr häufig sind sie – wie auch in unserem Fall – mit einem sogenannten Frevelmotiv verbunden. Gottloses Verhalten erweist sich als ursächlich für die Ingangsetzung des ursprünglichen Werdeprozesses. Da ist von hochmütigen und erbarmungslosen Bewohnerinnen und Bewohnern einer reichen Stadt die Rede, die ihr Dasein ohne Rücksicht auf ein menschliches oder gar göttliches Gesetz fristen, oder von einer stolzen und zugleich erbarmungslosen Schlossherrin, die einer Bettlerin samt ihren Kindern keine Unterkunft gewährt und sie dem Kältetod übergibt.

Gelegentlich treten Warner wie etwa das *Wörtherseemandl* auf die Bildfläche, die – zumindest theoretisch – eine Umkehr noch möglich machen, jedoch nie gehört werden. Sie treten – auch in Märchen – zumeist dreimal auf. Zweimal warnen sie eindringlich vor den Konsequenzen des Fehlverhaltens, beim dritten Mal kommt es dann zum Unglück: Aus dem Fässchen des Wörtherseemandls entströmt unaufhaltsam Wasser, das die Stadt überflutet. Die Dreier-Struktur – zwei Mahnungen, das Unglück selbst sowie drei Fische und drei aufeinanderfolgende Tage – ist ein in der Volkserzählung vorherrschendes Merkmal, das sich auf Personengruppen, Handlungsabläufe und Aufzählungen erstreckt.³ Gerade in der mündlichen Dichtung, den Sagen, ist ein modellhaftes Gestalten nach fest vorgegebenen Abläufen von großer Bedeutung, für die Erzählenden genauso wie für die Zuhörerinnen und Zuhörer, weil schon bekannte Muster wie etwa die dreimalige Wiederholung eines Vorgangs Orientierung bieten.

Anstelle des Warners können auch andere Menschen, die sich einen Funken an Güte bewahrt haben, zur Besinnung mahnen. Auch das kennen wir aus Märchen. In der Sage vom *Schloss im Wörthersee* sind es die beiden Kinder der erbarmungslosen Schlossherrin: Der Sohn will der Bettlerin von der warmen Suppe abgeben, die Tochter möchte ihr Kleidung für ihre Kinder schenken. Beides lässt die Schlossherrin nicht zu, sie verjagt die Bettlerin, die, von der Grausamkeit erschüttert, einen Fluch ausspricht, der einer Prophezeiung gleichkommt, die sich auch prompt erfüllt: Das Schloss versinkt samt dem angrenzenden Dorf im Erdboden und ein See, der Wörthersee, bedeckt es von da an.

Kollektivschuld und Erlösung

Dass auch die beiden Kinder der Schlossherrin, die Güte bewiesen haben, und die Bewohnerinnen und Bewohner des Dorfes, die gerade die heilige Messe gefeiert haben, mit allen anderen zusammen untergehen, ist zwar nicht gerecht, entspricht jedoch einer Vorstellung, die im mythisch-religiösen Bewusstsein weithin schlagend wird: der Vorstellung von einer Art Kollektivschuld. Auch wenn die Schuld an einzelnen Individuen wie der Schlossherrin festgemacht wird, zieht sie fast immer die Bestrafung des gesamten Kollektivs – hier der Familie und sämtlicher Bewohnerinnen und Bewohner des Schlosses und des angrenzenden Dorfes – nach sich. Wir kennen das Motiv auch von den alten Griechen: Apollon schickt eine Seuche über das gesamte Heerlager der Griechen, nachdem deren König Agamemnon einen Apollon-Priester — im Streit über die Priester-Tochter Chryseis — verjagt hatte.[4] Und dieses Motiv der kollektiven Strafe hat seine Gültigkeit auch im Märchen: Zusammen mit Dornröschen schlafen von König und Königin bis zu den Pferden im Stall und den Tauben auf dem Dach alle ein, die zu dem Kollektiv gehören.

Die Gesellschaft, wie sie sich im mythischen Denken darstellt, ist durch ihre starke Zusammengehörigkeit gekennzeichnet. Sie funktioniert wie ein Organismus, dessen einzelne Glieder unlösbar miteinander verbunden sind. Die Ordnung ist hierarchisch, was der damaligen patriarchalen Gesellschaftsstruktur weitgehend entspricht. Ist eines der Glieder krank, leidet der gesamte Organismus; begeht der König, der der Gesellschaft voransteht, eine Freveltat, reißt er das gesamte Kollektiv mit ins Verderben. Die beiden Kinder der Schlossherrin bedürfen genauso der Erlösung wie ihre Mutter, obwohl sie selbst nichts verbrochen haben. Im Falle der Sage vom *Wörtherseemandl* ist das insofern etwas anders gelagert, als es ohnehin sämtliche Stadtbewohnerinnen und -bewohner sind, die sich ungebührend verhalten haben und denen die Strafe gilt.

Was die Erlösung angeht, kommen hier ebenfalls Motive zur Sprache, die aus dem reichen Schatz der Sagen und Märchen bekannt sind. Die Erlösung kann nur zu einem ganz bestimmten Zeitpunkt erfolgen: Das Schloss steigt nur alle hundert Jahre aus den Fluten, der Klang der Glocken und des Gesangs ist auch nur dann zu hören, und auch die Fische haben nur an diesem Zeitpunkt die Gabe zu sprechen. Weiters liegt die Erlösung nicht in den Händen der Frevler selbst. Es bedarf stets eines Anderen, Unbeteiligten, der sie für sie erwirken kann. Zumeist ist es ein unschuldiges Kind, das in einem Zeitraum von drei Tagen die Möglichkeit dazu hat.

Im Falle der Sage vom *Schloss im Wörthersee* gelingt die Erlösung nicht: Der Hirtenknabe stellt die entscheidende Frage nicht — was das denn alles zu bedeuten habe —, die zur Bannbrechung nötig ist. Auch dieses Motiv der erlösenden Frage kehrt in der Literatur oft wieder, beispielsweise scheitert Wolfram von Eschenbachs Parzival an der nichtgestellten Frage nach dem Befinden von Anfortas, obwohl sie ihm auf dem Herzen brennt. Gesellschaftliche Konventionen haben ihm die Rede verschlagen und das drängende Fragen seines Herzens unterdrückt. Das Frageversäumnis hat zur Folge, dass der leidende Gralskönig Anfortas und seine Burggesellschaft nicht zur Erlösung kommen. Im Falle des Hirtenknaben in unserer Sage ist es weniger die Angst davor, etwas falsch zu machen, als die Furcht, die bei der Begegnung mit dem Übernatürlichen eintritt, die seine Zunge lähmt. Hier wie dort kann die Erlösung nicht stattfinden, und die Betroffenen sind dazu verdammt, weitere hundert Jahre zu warten.

Wasser als Strafe

Glaubt man den Sagen, verdankt der Wörthersee seine Entstehung der Freveltat einzelner oder mehrerer Personen. Das Wasser des Sees ist über die gottlosen Menschen gekommen und hat sie vernichtet. Die reinigende Funktion des Wassers wird zum Mittel der Strafe. Die Sagen vom Wörthersee erinnern frappant an die Erzählungen von der großen Flut, wie sie auf die eine oder andere Weise von den großen Kulturen der orientalischen Antike tradiert worden sind. „Alles, was auf Erden ist, soll untergehen", heißt es in der großen Sintfluterzählung im Alten Testament,[5] und ferner, dass die „Brunnen der großen Tiefe" aufbrechen und sich die „Fenster des Himmels" öffnen werden.[6] Im griechischen Mythos ist es Zeus, der beschließt, das ruchlose Menschengeschlecht zu vernichten. Schon will er seinen Blitz auf die Erde senden, dann besinnt er sich jedoch darauf, dass das Feuer nicht nur die Erde selbst, sondern auch die „Achse des Weltalls" in Brand setzen könnte, und, wie der römische Dichter Ovid in Anlehnung an griechische Mythenschreiber in den *Metamorphosen* erzählt:

Eine andere Strafe gefiel ihm besser: Und so vernichtete er das Menschengeschlecht in den Fluten / und er schickte heftige Regenfälle vom ganzen Himmel.⁷

Während in der Bibel Noah und seine Familie auf der Arche überleben, können sich im griechischen Mythos Deukalion und Pyrrha auf ein Boot retten, weil Prometheus sie rechtzeitig gewarnt hat. Sie werden zu dem Stammelternpaar der Hellenen: Nach dem Abklingen der großen Flut werfen sie im Auftrag der Götter Steine hinter sich, die zu Menschen werden und die Erde erneut bevölkern. Das babylonische Gilgamesch-Epos weiß Ähnliches zu berichten, und auch die Sumerer erzählten von einer großen Flut, die alles Leben auf der Erde vernichtet hat. Dass im Falle des Wörthersees von keinen Überlebenden berichtet wird, mag daran liegen, dass die Überflutung ein lokales Ereignis darstellt, und keines, das die gesamte Menschheit vernichtet hat.

Wasser steht im mythischen und religiösen Bewusstsein für den Ursprung allen Lebens. Seine reinigende – und dabei strafende – Wirkung kann sich jedoch auch als tödlich erweisen. Diese Vorstellung ist den großen Sintfluterzählungen und den Sagen vom Wörthersee gemeinsam. Anders als bei den Sagen handelt es sich bei den altorientalischen Mythen jedoch um globale Ereignisse, wenngleich unter „global" nicht die ganze Erde, sondern jeweils der Ausschnitt des damals bekannten Lebensraums zu verstehen ist. Die Sage hat von vornherein nicht das große Ganze im Fokus, sondern ist auf lokale Gegebenheiten beschränkt. Und die Sagen vom Wörthersee – auch das unterscheidet sie von den Sintfluterzählungen – repräsentieren dabei als Ursprungserzählung – als Erzählungen von der Entstehung eines Sees – auf ihre Weise eine vorwissenschaftliche Kenntnis der Natur. Wie antwortet die Wissenschaft darauf?

WAHRHEIT

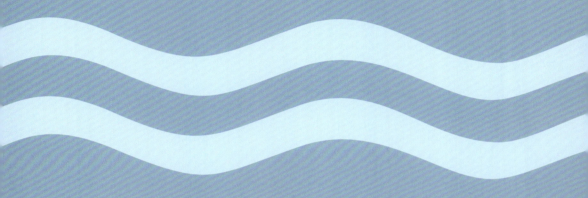

Vielleicht gilt es, zuerst das Gemeinsame von Dichtung und Wahrheit über die Entstehung des Wörthersees herauszustreichen. Gewissermaßen also die Fakten in der Fiktion zu suchen. Wir können den Sagen entnehmen, dass der Wörthersee nicht immer schon da war, sondern irgendwann einmal — „vor vielen hundert Jahren", wie es in der Sage heißt — entstanden ist. Sieht man vom Zeitfaktor ab, können wir das als Wahrheit verbuchen. (Und böse Schlossherrinnen und -herren hat es in der Gegend wohl auch schon zu allen Zeiten gegeben, auch wenn sie wohl nicht ursächlich für das Entstehen des Sees gewesen sind.)

Die vielen hundert Jahre waren in der realen Welt tatsächlich viele Tausende Jahre, denn die Entstehung des Sees verdankt sich den Geschehnissen in der Eiszeit, die vor rund 115 000 Jahren begann und vor etwa 11 700 Jahren endete.

Eiszeit und Gletscherschmelze

Die Wörthersee-Region ist in dieser Zeit nachhaltig geprägt worden, nicht erst durch die Bildung des Sees. Damals, exakt in der jüngsten Würmeiszeit, sind die Gletscher der Hohen Tauern, der westlichen Gailtaler und der Karnischen Alpen sowie der westlichen Gurktaler Alpen durch das Drautal, das Mölltal, das Gailtal und das Liesertal langsam gegen Osten geflossen und haben sich in der Gegend des heutigen Villach zu dem gewaltigen Draugletscher vereinigt.[8] Das Eis des Draugletschers, der an die dreißig Kilometer breit war und eine Eismächtigkeit von 700 bis 900 Metern hatte, bedeckte die gesamte Region zwischen Villach und Klagenfurt. Er modellierte dort unter anderem eine furchenartige Wanne, die heutige Seewanne, die an der tiefsten Stelle 85 Meter misst. Die Wanne ist in drei Becken unterteilt, die durch Felsschwellen voneinander getrennt sind. An der Oberfläche sind sie gut durch die Halbinsel Maria Wörth und die Halbinsel von Pörtschach samt den vorgelagerten Inseln sichtbar. So reicht das westliche Becken von Velden bis Pörtschach, das mittlere von Pörtschach bis Maria Wörth, und das östliche von Maria Wörth bis Klagenfurt.[9] Mit dem Einsetzen einer Klimaerwärmung schmolz dieser riesige Gletscher ab. Zuerst zog sich die Gletscherzunge bis zum heutigen Pörtschach zurück, wodurch der Raum Klagenfurt eisfrei wurde. Das hatte zur Folge, dass die Glan, die ursprünglich nach Osten floss, ihr Flussbett nun nach Süden verlegte. Sie schüttete einen mächtigen Schwemmfächer in der Gegend des heutigen Klagenfurter Stadtgebiets auf, der die Schmelzwässer des abfließenden Gletschers staute, wodurch der sogenannte Ur-Wörthersee entstand, der fünf Kilometer Richtung Osten bis nach Ebenthal reichte. Sowohl das Klagenfurter Stadion als auch die Universität liegen auf dem Gebiet jenes damaligen Ur-Wörthersees.

In der Bronzezeit war die ehemalige Ostbucht der Glan, jener Ur-Wörthersee, noch mit dem Schiff befahrbar. Davon zeugen zwei Einbäume, die bei der heutigen Papiermühle in der Nähe von Straschitz gefunden wurden. Selbst die ersten Äbte vom Zisterzienserkloster Stift Viktring, das im zwölften Jahrhundert gegründet wurde, konnten lange Zeit noch mit dem Boot nach Klagenfurt fahren. Im Laufe der Zeit verlandete die Ostbucht allmählich. Sie blieb jedoch schwer begehbar und galt als unheimlich. Angeblich trieb dort ein Lindwurm sein Unwesen … Zudem wurde sie regelmäßig von Überschwemmungen heimgesucht, was eine dauerhafte Besiedlung unmöglich machte — etwaige Bewohnerinnen und Bewohner wären Gefahr gelaufen, wie ihre Urahnen aus der Sage in den Fluten zu versinken, auch ganz ohne ihr frevlerisches Zutun. Heute ist das Viktringer Moor trockengelegt.

In Zeiten des Klimawandels passiert es nun jedoch auch immer wieder, dass der See oder der Viktringer Bach – oder beide – über die Ufer treten wie etwa bei dem Unwetter in Österreich und Slowenien im August 2023 und Keller und Tiefgaragen fluten. Da die Gegend im Unterschied zu früher heute dicht bebaut ist, ist der Schaden zumeist groß.

Schon im 16. Jahrhundert wurde der erste Versuch unternommen, die Sumpflandschaft durch den Lendkanal zu entwässern.

Der sogenannte Seegraben diente unter anderem auch der Beförderung von Waren in die Stadt.[10] Im Jahr 1865 wurde das Wehr an der heutigen Wörthersee-Süduferstraße errichtet, um den Seestand zu regulieren. Es wurde knapp zwanzig Jahre später zur heutigen Seeschleuse umgebaut, dennoch hielt sich die Urbarmachung der Verlandungsfläche in der Ostbucht bis ins 20. Jahrhundert hinein in Grenzen. Erst die zusätzliche großflächige Begradigung der Glanfurt und ihrer Zuflüsse und wiederholte Entwässerungen brachten den Durchbruch. Sie machten eine bessere Nutzung der landwirtschaftlichen Fläche möglich, auf Kosten der Natürlichkeit der Landschaft und ihrer Gewässer.[11]

Der Wörthersee, wie wir ihn heute kennen, verdankt sein Erscheinungsbild also nicht zuletzt auch dem inzwischen Jahrhunderte andauernden Kampf seiner Anrainerinnen und Anrainer gegen Überflutungen und Überschwemmungen. Dass das nasse Element nicht nur segensreich und die Grundlage allen Lebens, sondern auch gefährlich ist, ist eine Urerfahrung, die sie mit sämtlichen Menschen teilen, die am Wasser leben, seien es nun Seen, Flüsse oder gar das Meer. Sie findet einen Niederschlag in den Erzählungen, die von Generation zu Generation etwa als Sagen transportiert werden.

Irgendwann einmal also ist die Seewanne entstanden und irgendwann später hat sie sich mit Wasser gefüllt. Das ist allerdings nicht annähernd so blitzartig erfolgt, wie das in den Sagen vom Wörtersee erzählt wird. Das mythisch magische Bewusstsein bemisst die Zeit eben anders. In jedem Fall hätte sich das *Wörtherseemandl* ein wenig in Geduld üben müssen, und die frevlerische Urbevölkerung des Wannenbodens hätte mehr als genug Zeit gehabt, sich vor den Wassermassen aus dem Fässchen in Sicherheit zu bringen.

Der Lendkanal

Maria Wörth — Wie der Wörthersee zu seinem Namen kam

Im letzten Drittel des 18. Jahrhunderts, exakt im Jahr 1770, wurde mit der sogenannten Glanfurt der erste künstliche Abfluss des Wörthersees geschaffen, woraufhin der Wasserspiegel drastisch sank. Inseln tauchten auf – die Schlangeninsel – oder wurden zu Halbinseln wie Maria Wörth, bislang *die Insel* schlechthin. „Wörth" bedeutet nämlich nichts anderes als „Insel". Es leitet sich vom althochdeutschen Wort „weride" oder auch „werde" ab, das später zu „wörth" wurde. Von der Insel hat auch der ganze See – der Werdese oder Wörthersee, eigentlich der Inselsee – seinen Namen. Urkundlich wird er zum ersten Mal im Jahr 1143 so bezeichnet.

Dass der See den Namen der Insel trägt, ist ein Hinweis darauf, wie bedeutend Maria Wörth spätestens ab dem beginnenden 9. Jahrhundert für die ganze Region war. Im Jahr 822 war hier eine Missionsstation, eine Tochtergründung des Bistums Freising in Bayern, entstanden. Die Kärntnerinnen und Kärntner – damals hießen sie noch die Karantaner – sollten endlich auch zu guten Christinnen und Christen werden. Den Auftrag dazu gab es seit dem Jahr 763. Damals hatte Herzog Tassilo III. (um 741–796), ein Cousin von Karl dem Großen (747–814), Landbesitz in der Gegend von Innichen zugesprochen bekommen, mit dem Auftrag, die heidnischen Karantaner zu bekehren. Bis es so weit war, sollte es noch rund sechzig Jahre dauern.

875 wurde dann auf dem höchsten Plateau der Insel die Marienkirche erbaut, in der die Reliquien der beiden Märtyrer Primus und Felicianus beigesetzt wurden. Die Heiligen wurden damals in einem solchen Ausmaß verehrt, dass das Missionszentrum rundum bald in hohem Ansehen stand und der See bis ins 12. Jahrhundert hinein bisweilen seinen Namen nach ihnen trug.[12] Felicianus und Primus waren vornehme christliche Bürger Roms Anfang des 4. Jahrhunderts gewesen. Sie hatten sich geweigert, den heidnischen Göttern Opfer zu bringen, und waren so der Verfolgung durch die Tetrarchen-Kaiser Dio-

Die Wallfahrtskirche Maria Wörth

kletian und Maximian anheimgefallen, die sie einkerkern und foltern ließen. Dass nach den zahllosen grausamen Martern — die beiden wurden etwa gebrannt, gegeißelt und schließlich Löwen und Bären vorgeworfen — überhaupt etwas von ihnen übrigblieb, das wert war, als Reliquie durchzugehen, ist an sich schon ein Wunder und wohl auch der Grund, weshalb sie in den Kanon der Heiligen aufgenommen wurden. Die wilden Tiere zerrissen sie nämlich nicht, sondern legten sich zahm zu ihren Füßen, woraufhin man die beiden Männer enthaupten ließ und ihre Leichname den Hunden und Vögeln vorwarf, jedoch auch diese enthielten sich der Mahlzeit. Mit einem Wort, es gab wider Erwarten eine ganze Menge nennenswerter Reliquien der beiden, die Papst Theodor I. an einem 9. Juni, der nun ihr Gedenktag ist, um 645 in die Kirche San Stefano Rotondo in Rom überstellen ließ. Dabei handelt es sich übrigens um die erste Überführung von Reliquien in eine Kirche überhaupt. Später sollte sich daraus ja ein blühender Geschäftszweig entwickeln. Neben Maria Wörth gibt es nun auch in Bad Gastein, in Rottenbuch bei Schongau, in Breitenwang bei Reutte in Tirol und unter dem Altar der Kirche in Biesenhard bei Eichstätt „Überbleibsel" von Primus und Felicianus.

Ausgehend von Maria Wörth wurden vor allem in der zweiten Hälfte des zehnten Jahrhunderts mehrere Kirchen in der näheren und weiteren Umgebung gegründet. Zwischen 1146 und 1150 wandelte Bischof Otto von Freising (1138—1158), einer der bedeutendsten Geschichtsschreiber des Mittelalters überhaupt und Verfasser einer Weltgeschichte in acht Büchern, die Missionskirche in ein Kollegiatstift um. Von hier aus besorgten dann ein Probst und fünf Kanoniker die Seelsorge im Umland. Auf Otto von Freising geht auch der eindrucksvolle Ausbau der Kirche und der Neubau einer weiteren kleinen Kirche, der sogenannten Winterkirche, zurück. Im Jahr 1399 brannten beide Kirchen ab, sie wurden jedoch wieder neu errichtet und sind bis heute ein Magnet für Besucherinnen und Besucher aus aller Welt.

Der See und seine Gefahren

Von Nixen, Wassermännern und anderen Geistwesen

DICHTUNG

Halb zog sie ihn, halb sank er hin …
J. W. v. Goethe, Der Fischer, 1779

Sieht der Felsen dort nicht wie eine Nixe aus? Hörst du in dem leichten Spiel der Wellen nicht auch das helle Lachen der Meerjungfrauen? Was veranlasst Menschen dazu, in der Alltagswelt, die sie umgibt, das Übernatürliche zu verorten? In der heutigen Zeit, als Bewohnerinnen und Bewohner unserer modernen Städte, fällt es uns schwer, uns in Menschen hineinzuversetzen, die der Natur und ihrer gelegentlich zerstörerischen Gewalt unmittelbar ausgeliefert waren. Damals, als die Gewässer noch nicht reguliert und die Wälder noch Urwälder waren, in denen wilde Tiere hausten, als eine Reise in den Nachbarort einem Wagnis gleichkam, dem man sich nur dann aussetzte, wenn es unbedingt notwendig war, nahm der Mensch seine Umwelt immer wieder als große Bedrohung wahr. Er konnte ihr nicht trauen, nicht darauf vertrauen, dass sie ihm nicht von jetzt auf gleich zur Gefahr wurde. Zu vieles war noch unbekannt — und unbenannt. Das Entsetzen war namenlos. Der Mensch behalf sich und machte sich die Welt vertraut, indem er Namen für sie fand. „Alles Weltvertrauen fängt an mit den Namen, zu denen sich Geschichten erzählen lassen", schreibt der deutsche Philosoph Hans Blumenberg 1979.[13] Denn das Namenlose können wir weder beschwören noch anrufen, um Unheil abzuwehren oder Segen zu erbitten. Wir können es uns nicht gewogen machen auf die eine oder andere Art — und wir können keine Geschichten von ihm erzählen.

❋ Der Schwarze Felsen vom Wörthersee ❋

Am Südufer des Wörthersees ragte einst ein mächtiger Felsen aus dem Wasser. Seiner dunklen Färbung wegen wurde er der Schwarze Felsen genannt. Steil fielen seine zerklüfteten Wände zum See ab, und wenn man ihn zur Dämmerstunde eingehend betrachtete, erkannte man in seiner Gestalt eine Nixe. Von Menschenfuß, so erzählt die Sage, wurde der Fels nie betreten, und auch die prächtigen Seerosen, die dort wuchsen, wurden von keiner Menschenhand je gepflückt. Das lag wohl auch an dem fürchterlichen Strudel, der sich ganz in seiner Nähe befand und eine Annäherung zu einer gefährlichen Unternehmung machte – und an der wachenden Nixe.

Einst suchte ein junger Jäger aus dem Lesachtal jenen Schwarzen Felsen auf. Es war eine ganz besondere Herzensangelegenheit, die ihn hierherführte: Er hatte um die Hand einer schönen Lesachtalerin angehalten, die nicht ganz abgeneigt war, ihn jedoch auch nicht erhörte. Denn es gab noch einen Nebenbuhler, der sich zwischen die beiden gedrängt hatte. Dieser hatte ihm den – nicht ganz selbstlosen – Rat gegeben, der Angebeteten doch als Probe seiner Kühnheit Seerosen vom Wörthersee zu bringen. Der vor Gesundheit und Kraft strotzende junge Jäger fasste Hoffnung auf einen glücklichen Ausgang seiner Liebesgeschichte, als er den Wunsch nach den Rosen auch aus dem Munde seiner Angebeteten hörte, und er machte sich auf den Weg, den schon viele vor ihm mit dem Leben bezahlt hatten.

Dunkle Wolken hatten sich zusammengeballt, als der verliebte Lesachtaler den See erreichte. Trotzdem wollte er von seinem Vorhaben nicht ablassen und so machte er sich auf die Suche nach einer Seerose. Wie es das Schicksal wollte, führte ihn seine Suche zu dem unheimlichen Felsen. Als er näher kam, staunte er nicht schlecht, als er die prächtigen Seerosen erblickte. Zugleich bemächtigte sich seiner ein kalter Schauer, als er sah, in welch bedrohlicher Umgebung sie wuchsen. Er erkannte schnell die Gefährlichkeit seines

Unternehmens, verwarf aber die Gedanken ans Aufgeben und suchte sich eine geeignete Stelle, um den Fuß des Felsens zu erreichen. Mit Schaudern näherte er sich der dunklen, steilen Wand. Fast schon wollte er umkehren, als er eine enge Spalte entdeckte, durch die er zu den Seerosen zu gelangen glaubte. Die Blütenkelche der Seerosen leuchteten ihm wie Todeskerzen entgegen. Als es ihm gelang, den Fuß des Felsens zu erreichen, an dem schon viele ihr Leben gelassen hatten, wartete der schwerste Teil seiner Unternehmung. Wie sollte er eine Rose pflücken? Unheimlich drangen ihm die gurgelnden Laute des Strudels entgegen. Vorsichtig setzte er seinen Fuß in das seichte Uferwasser und griff nach einem Blütenkelch. Beinahe schon hielt er ihn in der Hand, als die Hand der Nixe auftauchte. Schon im nächsten Moment hatte sie ihn in die dunklen Tiefen hinabgerissen. Der See schäumte auf und haushohe Wellen schlugen an den Felsen. Mit einem donnernden Getöse stürzte die Wand dem Jäger nach. Die Seerosen waren verschwunden.

∗ Die Rache der Seenixe ∗

Im Norden von Pörtschach stand einst die mächtige Burg Leonstein. Heute sind nur noch die Mauern ihrer stattlichen Ruine übrig. Ihr Wehrturm ragt noch immer über die dunklen Baumwipfel empor und ist vom See aus gut zu sehen. Die Sage erzählt, dass in den alten Zeiten auf jener Burg ein tapferer Ritter mit seinen Leuten hauste. Er hatte eine bildhübsche Tochter, die er sehr liebte. Das Mädchen bereitete sich auf die Hochzeit mit einem jungen Ritter vor, der von der Nachbarsburg stammte: Die Burg Reifnitz lag auf der gegenüberliegenden Seeseite. Wenige Jahre zuvor, als der junge Ritter einmal über den Wörthersee gerudert war, um seine Geliebte zu besuchen, hatte er mit einer Wassernixe nähere Bekanntschaft gemacht. Die Nixe war wunderschön gewesen, sie hatte ihm sehr gefallen mit ihrem langen, goldschimmernden Haar, und trotz des glänzenden Fischschwanzes, den sie anstelle von Beinen hatte. Naturgemäß hatte sich der junge Ritter in sie verliebt und ihr zu allem Überfluss auch noch ewige Treue geschworen. An diese Begegnung dachte er aber schon lange nicht mehr. Guter Dinge war er nun auf der Burg Leonstein mit seinem zukünftigen Schwiegervater inmitten der Hochzeitsvorbereitungen.

Seine Braut suchte eine Pause von dem regen Treiben und spazierte zum Wörthersee hinunter, wo sie eines der Boote aus der Vertäuung löste. Sie stieg ein und ließ den Kahn nun in den sanften Wellen treiben, träumte unbeschwert von der bevorstehenden Hochzeit. Langsam und unbemerkt trieb der Kahn aber in eine Bucht, in der das Schilf dicht am Ufer stand. Da tauchte mit einem Mal die Nixe aus dem Wasser. Sie machte der erschrockenen Braut heftige Vorwürfe — diese hätte ihr den jungen Ritter ausgespannt! Die beiden gerieten in einen Streit darüber, wer von ihnen wahren Anspruch auf den Ritter habe.

Dieser hielt in der Zwischenzeit auf der Burg Leonstein nach seiner Braut Ausschau. Weil er sie dort nirgends finden konnte, kam er zum See hinabgeeilt. Er wusste, dass sie die lauen Sommerabende gerne dort verbrachte. Angestrengt spähte er über das Wasser und horchte, ob er denn das Rauschen eines Ruderschlags vernehmen konnte. Es war inzwischen finster geworden, und der See lag vollkommen ruhig da. Plötzlich drang ein lauter, langgezogener Schrei über das Wasser zu ihm. Eine böse Ahnung stieg in ihm auf, eilig sprang er in ein Boot und ruderte zu der Stelle, von der er den Schrei vernommen hatte. Zu spät! Er konnte gerade noch sehen, wie seine Braut in den Tiefen des Sees versank. Noch vor ihrer Hochzeit war sie der Rache der Wassernixe zum Opfer gefallen.

„Das habe ich getan, weil du mir die Treue versprochen und nicht gehalten hast!", hörte er die Stimme der betrogenen Nixe zu ihm sprechen. Gesenkten Hauptes stieg er wieder zur Burg hinauf, wo ihm nichts anderes übrigblieb, als von dem entsetzlichen Ereignis zu berichten. Die Vorfreude auf die Hochzeit wich großer Trauer, der Brautvater verkraftete kaum den Verlust seiner einzigen Tochter. Der junge Ritter kehrte am nächsten Tag heim auf die Burg seiner Väter. Burg Leonstein betrat er nie wieder.

✶ Der Wassermann im Wörthersee ✶

In den heißen Sommermonaten gibt es nichts Erfrischenderes als ein kühles Bad im See. Unter Mägden und Knechten, die tagsüber wegen ihrer Arbeit keine Zeit dazu hatten, war es üblich, in der Dämmerung oder sogar bei Mondschein baden zu gehen. So ging einst ein Mädchen, das bei einem Pörtschacher Bauer in Diensten stand, an einem Samstagabend allein im Wörthersee baden. Es war wohl schon eine ganze Weile im Wasser gewesen, als es mit einem Mal jemanden von der Mitte des Sees heranschwimmen sah. Der See warf hohe Wellen, als sich der Schwimmer mit großer Eile näherte. An dem Schilfkranz, den er auf dem Kopf trug, und dem grünlichblassen Gesicht erkannte die junge Frau, dass es sich um den Wassermann handelte, von dem ihr schon so oft erzählt worden war. Ihr wurde ganz angst und bange, also schwamm sie, so schnell sie konnte, ans Ufer zurück und lief nach Hause. Ganz außer Atem kam sie daheim an, trat durch die Haustür und schlug sie auch gleich hinter sich zu. Kaum war die Türe ins Schloss gefallen, hörte die Entflohene auch schon den Wassermann, der ihr bis hierher gefolgt war. Und wie es die Sage will: Ins Haus hinein kam er nicht, weil ihm der kreidegezeichnete Segen „C + M + B" über dem Eingang den Eintritt versagte. Der Wassermann, der Jahr für Jahr hübsche Mädchen zu sich in sein kristallenes Schloss auf dem Seegrund holte, hatte dieses Mal das Nachsehen. Und das Mädchen? Es verzichtete von damals an auf ein nächtliches Bad im See.

Mythen haben es an sich, dass wir nie wissen werden, wie sie entstanden sind und welche Realität ihnen ursprünglich zugrunde liegt. Zugrunde liegt dem Mythos jedenfalls, dass wir Menschen von jeher die Dinge mit einer Bedeutung versehen, die über das Unmittelbare hinausgeht. Der Mythos — und in unserem Fall die Sage — ist, wie Roland Barthes es formuliert, eine „Weise des Bedeutens".¹⁴ Seine Wurzel ist mitunter die Angst vor dem, was wir nicht deuten, was wir nicht benennen können. Sie steht am Anfang allen Erzählens.

Sagen erklären die Welt. Sie helfen dabei, das, was uns begegnet, und das, was wir erleben, einzuordnen und ihm dabei einen tieferen Sinn zu verleihen. Sie bestärken uns darin, uns als Teil eines großen Ganzen zu empfinden, in dem alles auf die eine oder andere Weise seine Richtigkeit hat. Ihre Erzählerinnen und Erzähler sicherten nicht das Leben an sich, wie es die Heldinnen und Helden taten, von denen sie berichteten, aber sie statteten es mit den Stoffen aus, die es lebenswert machten — und uns zugleich auch überleben ließen.

Elementargeister

Fixer Bestandteil sämtlicher Natursagen ist ihr schillerndes Repertoire an Geistwesen. Sie bevölkern als Urgestalten der Wirklichkeit die Welt. Für die Sage — und die Literatur der Romantik im Allgemeinen — populär gemacht hat sie vor allem einer: der große Arzt und Gelehrte Theophrastus Bombast von Hohenheim, landläufig bekannt als Paracelsus (1493 oder 1494–1541). In seinem *Liber de nymphis, sylphis, pygmaeis et salamandris, et de caeteris spiritibus* — seinem *Buch von den Nymphen, Sylphen, Pygmaeen, Salamandern und den übrigen Geistern* — aus dem Jahr 1590, seinem wohl kürzesten und zugleich meistgelesenen Werk, legt er eine umfassende Systematik sämtlicher Geistwesen vor, die jeweils eines der vier Elemente bewohnen: die Nymphen das Wasser, die Sylphen die Luft, die Pygmäen die Erde und die Salamander das Feuer.

Ir wohnung sind viererlei, das ist, nach den vier elementen, eine im wasser, ein im luft, ein in der erden, eini im feur. die im wasser sind nymphen, die im luft sind sylphen, die in der erden sind pygmaei, die im feur salamandrae … wiewol von wasserleuten undina der nam auch ist und von den luftleuten sylvestres und von den bergleuten gnomi und vom feur mer vulcani als salamandri … Nun wie ir wissen, das vier elementen seind, der luft, wasser, erden und feur …[15]

Sie ähneln uns Menschen in ihrer Gestalt, arbeiten wie wir und leben in einer sozial geordneten Gesellschaft. Das Fleisch ihres Körpers ist jedoch, da sie, wie Paracelsus schreibt, nicht von Adam abstammen, so „subtil", dass sie ohne Weiteres Wände durchdringen können, dennoch besitzen sie die Fähigkeit, sich zu ernähren und fortzupflanzen.[16] Die Subtilität ihrer Körper ist die Ursache dafür, dass sie für unsere Augen zumeist unsichtbar sind. Wenn wir sie sehen, dann wie im Traum — engelsgleich. Dennoch können wir ihre Existenz deutlich fühlen. Sie sind wie wir Teil der Schöpfung, Kinder Gottes, mit dem einzigen, aber alles entscheidenden Unterschied, dass sie keine unsterbliche Seele besitzen und mit dem Tod gänzlich vergehen.[17] Sie sind „homines inanimati", seelenlose Zwischenwesen, eine Mischung aus Geist und Mensch:

Das fleisch aus Adam ist ein grob fleisch, dan es ist irdisch und ist sonst nichts als alein ein fleisch, das zu binden und zu fassen ist wie ein holz oder stein; das ander fleisch, das nit ist aus Adam, das ist ein subtil fleisch, und ist nit zu binden noch zu fassen, dan es ist nit aus erden gemacht … So ist aber weiter in disem auch zu verstehen, das sie, wiewol geist und mensch, iedoch aber entweders seind sie. der mensch hat ein sêl, der geist nit; der geist hat kein sêl, der mensch hat aber eini. die creatur aber ist die beide und kein sêl aber, und ist doch dem geist nit gleich; dan der geist stirbt nit, die creatur stirbt aber.[18]

In keinem Fall dürfen wir die Elementargeister jedoch mit dem verwechseln, was wir landläufig als Gespenster bezeichnen: Erstere wollen nicht unbedingt Böses, sind keineswegs von Natur aus böse, keine Teufel, die Martin

Luther, ein Zeitgenosse von Paracelsus, in Anlehnung an die mittelalterliche Dämonenlehre noch in ihnen zu sehen glaubte.[19]

Paracelsus führt jede der vier Arten unter ihrem „angeblich bekannten Namen", dem „eigentlich wahren Namen" und einer „missgestalteten Abart des Namens" ein. So bevölkern „Nymphen" das Wasser, ihren wahren Namen — „Undinen", die Mädchen, die aus den Wellen auftauchen — verdanken sie der lateinischen Bezeichnung für „Welle": „unda". Im Volksglauben kennt man sie, folgt man Paracelsus, als „Sirenen" oder „Meermönche". In oder vielmehr an der Luft leben die „Sylphen". Sie heißen auch „Sylvesteres" — Waldleute — und kommen in den Sagen und Märchen als „Riesen" vor. Zu dem Element Erde gehören die „Pygmäen", gedrungene Gestalten, die als „Gnome" — so ihr wahrer Name — und in der Sagenwelt als „Zwerge" auftreten. Dem Element des Feuers gehören die „Salamander" an, feurige Wesen wie die „Vulcani", so laut Paracelsus ihr richtiger Name als Abkömmlinge des römischen Feuergottes Vulcanus, sowie alle Arten von „Irrlichtern", Leuchterscheinungen in Moorlandschaften oder auch in finsteren Wäldern, in denen der Volksglaube stets übernatürliche Wesen oder auch die Seelen unglücklich Verstorbener gesehen hat. Sie einfangen zu wollen, bringt naturgemäß Unglück.

Inzwischen ist längst erwiesen, dass Paracelsus selbst der literarische Schöpfer einiger dieser Wesen ist, dementsprechend sind auch die Namen wie etwa „Undinen" oft Neologismen, Neuschöpfungen aus seiner Feder.[20] Für seine gesamte Geisterlehre gilt: Sie ist weitgehend eine Erfindung von Paracelsus und nimmt nur wenig Anleihe an historischen Quellen wie etwa der Bibel, der antiken Überlieferung, dem mittelalterlichen Volksglauben oder zeitgenössischen Gelehrten. Einzig an dem dreibändigen Hauptwerk des großen Universalgelehrten, Arzt und Theologen Agrippa von Nettesheim (1486–1535) mit dem Titel *De occulta philosophia* (*Über die geheime Philosophie*) dürfte er sich orientiert haben, denn auch hier haben die Elementargeister ihren teuflisch-dämonischen Charakter, der ihnen vom Mittelalter an anhaftete, weitgehend abgestreift.[21] Hier wie dort nehmen sie eine segensreiche Rolle ein: Sie helfen den Menschen bei der Erkenntnis Gottes, bewachen die Schätze der Natur, dienen als Vorbotinnen und Vorboten diverser Ereignisse einer nahen oder ferneren Zukunft.

Paracelsus' *Liber de nymphis* hat eine enorme Breiten- und Nachwirkung in der Literatur gezeigt. Selbst Goethes *Faust* beschwört die Elementargeister im Sinne der paracelsischen Tradition herauf – in ihm steckt selbst ein Stück des wirklichen Paracelsus beziehungsweise hat Goethe den Hohenheimer bei der Konzeption seines Fausts mit Sicherheit vor Augen gehabt –, als er versucht, das Tier, den Pudel, der in seinem Kern niemand anderes als Mephisto selbst ist, mit einem magischen Spruch zu bezwingen:

Erst, zu begegnen dem Tiere,
Brauch ich den Spruch der Viere:
Salamander soll glühen.
Undene sich winden,
Sylphe verschwinden,
Kobold sich mühen.
Wer sie nicht kennte,
Die Elemente,
Ihre Kraft
Und Eigenschaft,
Wäre kein Meister
Über die Geister.[22]

Wer die vier Elementargeister nicht kennt, sich ihre Kraft und ihre Eigenschaft nicht zunutze machen kann, wird sie nie beherrschen. Eine andere Sache ist es dennoch, den Teufel – das Tier – zu bezwingen, dazu bedarf es weit mehr …

Der *Liber de nymphis* hat in die hohe Literatur der Klassik und Romantik Eingang gefunden und seine Geistwesen sind zu den Protagonistinnen und Protagonisten der Volksdichtung – unserer Sagen – geworden. Insbesondere von den weiblichen Wassergeistern gibt es zahllose Erzählungen. Als Nixen und Meerjungfrauen bevölkern sie in diesen die Gewässer. Glauben wir ihnen, ist auch der Wörthersee reich an solchen Wesen. Und auch hier sind sie schon so manchem Mann zum Verhängnis geworden, denn die Geschichten von Nixen und Meerjungfrauen sind durchwegs „Geschichten einer unmöglichen Liebe"[23].

Wie Gott den Menschen nach seinem Ebenbild erschaffen hat, so die Nymphen nach dem Ebenbild der Menschen. Ebenbild ist jedoch nicht gleich Urbild, und so ist weder der Mensch ein Gott noch die Wasserfrau ein Mensch, schreibt Paracelsus.[24] Sie ist, weil sie wie sämtliche anderen Elementargeister seelenlos ist, von der Auferstehung ausgeschlossen, kann dieses Manko jedoch ausgleichen, indem sie sich an einen Menschen bindet und mit ihm die Ehe schließt. Darin besteht also die Motivation der Nymphen, dass sie „gefangen werden / und vermehlet"[25], denn das ist ihre Chance auf Beseelung.

Verlockung: Erotik und Probe

Eine Ehe mit einer übernatürlichen Frau — man spricht in so einem Fall von einer Mahrtenehe — kann glückhaft verlaufen und dem irdischen Partner großen Reichtum bescheren, sie scheitert jedoch zumeist an der Nichteinhaltung eines Tabus. So darf sich der Ehemann etwa nicht nach der Herkunft seiner Frau erkundigen oder sie nicht, wie es etwa in den Melusine-Dichtungen der Fall ist, an einem bestimmten Tag der Woche beim Baden beobachten. Jene Tabus werden ausnahmslos gebrochen, wodurch das Schicksal seinen Lauf nimmt: Der unglückliche Ehemann stirbt oder fällt in den weniger segensreichen Zustand vor der Ehe zurück, die Nymphe taucht — wieder seelenlos — ein ins kühle Nass und versucht sich früher oder später am Nächsten.[26]

Der Einflussbereich der Wasserfrauen erstreckt sich nun nicht nur über das Element des Wassers selbst, auch das angrenzende Ufer gehört dazu. Dort nehmen oft Felsen ihre Gestalt an. Am Ufer oder auf ufernahen Erhebungen — „an der Gestad, do sie dann ihr Wohnung haben"[27] — sitzen sie zumeist und locken Vorüberkommende mit ihrem verführerischen Gesang ins Verderben. Das Böse lockt in Engelsgestalt — und mit Engelsstimme …

Die Geschichte von der Nymphe als Verführerin ist alt. Sie reicht zurück ins 8. Jahrhundert vor Christus. Homer erzählt im zwölften Gesang seiner *Odyssee*, wie Sirenen — Wasserfrauen par excellence — Odysseus mit ihrem Gesang zum Bleiben veranlassen wollen, was einem Tod auf dem kargen Felsen gleichkäme. Der Fels ist — wie sich für den Entkommenen herausstellen wird — bereits übersät mit den Gerippen Unglücklicher, die ihrem Zauber erlegen sind. Die Göttin und Zauberin Kirke warnt Odysseus eindringlich vor ihnen:

Wer diesen Sirenen unberaten sich nähert und anhört, was sie ihm singen, der kehrt nimmer nach Hause. Sein Weib, seine lallenden Kinder treten ihm nicht mehr zur Seite in herzlicher Lust. Die Sirenen sitzen auf grasigen Auen und wollen mit tönenden Liedern Zauber verbreiten; doch liegen daneben in Mengen auf Haufen faulende Menschen, Knochen und schrumpfende Häute an ihnen.[28]

Auf der einen Seite die treue Ehefrau in der Heimat, auf der anderen die Verführerinnen auf der Insel im Meer. Odysseus muss sich von seinen Männern an den Schiffsmast fesseln lassen, um dem Zauber ihrer Stimmen nicht zu erliegen. Der Name der Sirenen lässt sich auf die semitische Wurzel „sir" für „Gesang" zurückführen[29]: Das Mittel ihrer Verführung sind ihre Lieder.

Es ist bezeichnend, dass sämtliche Wasserfrauen nicht allein durch ihre Schönheit, sondern vor allem über den akustischen Weg — das Singen ihrer Lieder — ins Verderben locken. Auch die Sprache kann bezaubern. So verwundert es auch nicht, dass Hans Christian Andersens *Kleine Meerjungfrau* ausgerechnet ihre Stimme opfern muss, um anstelle ihres Fischschwanzes Beine zu bekommen, damit sie an Land gehen kann. So beraubt sie sich jedoch ihrer ureigensten Macht: Mit dem Verlust ihrer Stimme ist all ihr verführerischer Zauber dahin. Ihr Prinz heiratet eine andere, und sie stürzt sich ins Meer und löst sich in Schaum auf. Andersen lässt sie nicht sterben, sondern sich in einen Luftgeist verwandeln. Auf diese Weise erhält sie die Möglichkeit, durch gute Handlungen eine unsterbliche Seele zu bekommen.[30] Die Nixe ist eben nicht nur Sinnbild für eine unmögliche Liebe, sondern zugleich auch für den Zauber, den Gesang — tönende Lieder, oder sollen wir sagen Literatur? — auf uns ausüben kann.

Literatur, gesungen oder erzählt, kann eine Sogwirkung entwickeln, der wir ebenso erliegen können wie etwa der Fischer dem „feuchten Weib" aus Goethes Ballade aus dem Jahr

1778. Sie erzählt von der für den Fischer fatalen Begegnung der beiden am Ufer des Meeres. Es ist der Gesang der Wasserfrau, der sein Herz mit Sehnsucht erfüllt, ganz so, als würde seine Geliebte ihn grüßen:

Das Wasser rauscht', das Wasser schwoll,
Ein Fischer saß daran,
Sah nach dem Angel ruhevoll,
Kühl bis ans Herz hinan.
Und wie er sitzt und wie er lauscht,
Teilt sich die Flut empor:
Aus dem bewegten Wasser rauscht
Ein feuchtes Weib hervor.

Sie sang zu ihm, sie sprach zu ihm:
„Was lockst du meine Brut
Mit Menschenwitz und Menschenlist
Hinauf in Todesglut?
Ach wüßtest du, wie's Fischlein ist
So wohlig auf dem Grund,
Du stiegst herunter, wie du bist,
Und würdest erst gesund.

Labt sich die liebe Sonne nicht,
Der Mond sich nicht im Meer?
Kehrt wellenatmend ihr Gesicht
Nicht doppelt schöner her?
Lockt dich der tiefe Himmel nicht,
Das feuchtverklärte Blau?
Lockt dich dein eigen Angesicht
Nicht her in ew'gen Tau?"

Das Wasser rauscht', das Wasser schwoll,
Netzt' ihm den nackten Fuß;
Sein Herz wuchs ihm so sehnsuchtsvoll
Wie bei der Liebsten Gruß.
Sie sprach zu ihm, sie sang zu ihm;
Da war's um ihn geschehn;
Halb zog sie ihn, halb sank er hin
Und ward nicht mehr gesehn.[31]

Auch wenn Goethe selbst in einem Gespräch, das er mit dem Dichter Johann Peter Eckermann am 3. November 1823 geführt hat, ausdrücklich betont, dass „in der Ballade bloß das Gefühl des Wassers ausgedrückt sei, das Anmutige, was uns im Sommer lockt, um zu baden", lässt sich nicht von der Hand weisen, dass es sich hier um eine zutiefst erotische Beziehung handelt. Nicht die Freude an einem sommerlichen Bad ist Thema der Ballade, sondern das Begehren des Mannes nach der Frau, dem er, wenn auch widerstrebend – „Da war's um ihn geschehn" —, nachgibt.³² Auch hier — ähnlich den Volkserzählungen — wird etwas, das uns in der Natur begegnet, in einer Art literarischen Spiels in einen mythisch-magischen Zusammenhang gebracht und gedeutet: Das Anmutige des Wassers lockt wie eine Nymphe mit ihrem Gesang.

Die Nixen vom Wörthersee singen nicht, oder zumindest wird das in den Sagen nicht erzählt. Dennoch ist die Begegnung mit ihnen zutiefst erotisch — und tödlich zugleich. Sie locken die Unglücklichen durch ihre äußere Erscheinung: Sie sind „wunderschön" und haben „langes, goldschimmerndes Haar" wie die Nixe, die unterhalb der Burg Leonstein ihr Unwesen treibt. Und wenn sie nicht selbst in Erscheinung treten wie die Nixe, die unter dem Schwarzen Felsen wohnt, erinnern außergewöhnliche Dinge in ihrem Einflussbereich an sie: An ihrer Stelle locken prächtige Seerosen. Dass noch „keine Menschenhand sie je gepflückt" hat, unterstreicht ihre Besonderheit.

In der Sage vom *Schwarzen Felsen vom Wörthersee* ist das Motiv der Wassernymphe mit einem anderen gängigen Motiv, das wir aus Märchen und Sagen kennen, verbunden: dem Motiv von der Probe, die es zu bestehen gilt. Die Belohnung folgt unmittelbar auf den Erfolg, nur dieser stellt sich selten ein. Dass auch unser Jäger aus dem Lesachtal sein Leben verlieren wird, ist von Anfang an angedeutet. Das Bedrohungsszenario wird eindrucksvoll aufgebaut: Schwarze Felsen, die drohend zum Himmel emporblicken und die kein Menschenfuß je betreten hat, der Wasserstrudel drunter ist fürchterlich, sein Gurgeln unheimlich. Böse Vorahnungen quälen auch den Jäger: Ein kalter Schauer überläuft ihn. Er weiß um die Gefährlichkeit seines Unternehmens, dennoch lässt er nicht ab davon. Zu groß ist seine Liebe, eine Liebe, die ihm schon allein deshalb zum Verhängnis wird, weil nicht die Nixe die Geliebte ist, sondern die junge Braut im Lesachtal. Die Eifersucht ist eine Eigenschaft, die den Nixen vom Wörthersee ganz besonders anhaftet: Die eine erträgt nicht, dass ihre Seerosen für eine andere gepflückt werden sollen, und reißt den Dieb zu sich ins Wasser, die andere rächt sich an ihrer Rivalin, sie sah sich um den Liebhaber betrogen, der ihr einst die Treue geschworen hatte. Ob die rächende Nixe auch auf diese frauenmordende Weise die Seele bekommen kann, die sie sich von der Verpartnerung mit dem Ritter versprach, sei dahingestellt – es ist aber eher unwahrscheinlich.

Liebliche Nixen stehen für das „Anmutige" des Wassers,[33] rächende für seine Gefährlichkeit. Der menschlichen Fantasie sind dabei keine Grenzen gesetzt, wenn es darum geht, sowohl die anmutigen als auch die bedrohlichen natürlichen Gegebenheiten zu personifizieren und beim Namen zu nennen. Geschichten davon zu erzählen verspricht, die Bedrohungen einzuordnen und damit bewältigen zu können.

In dieser Funktion lässt sich auch die letzte der drei Sagen lesen: Nächtliches Baden ist gefährlich, schon gar ohne Begleitung und im Speziellen für junge Mädchen. Der See kann zur Bedrohung werden, wenn er auf einmal hohe Wellen wirft, die sich mit riesiger Eile nähern und die Schwimmende mitzureißen drohen. Bedrohung sind auch im Finsteren auflauernde Gestalten. Mit ein bisschen Fantasie kann man in ihnen den Schilfkranz und das grünlichblasse Gesicht eines Wassermanns erkennen.

Generell spielen Wassermänner in Sagen eine eher untergeordnete Rolle – schon bei Paracelsus –, ihre Beziehung zu Frauen ist jedoch nicht weniger erotisch aufgeladen als die zwischen Nixen und Männern. Der Wassermann vom Wörthersee geht im Fall unserer Sage leer aus. Das Zeichen der Heiligen Drei Könige über der Eingangstür – C + M + B – verwehrt ihm die begehrte Nähe des Mädchens, das sich aus dem Wasser nach Hause geflüchtet hat. Der christliche Segensspruch bannt den Elementargeist. Weshalb er den See so weit verlassen kann? Tritt nicht auch das Wasser bei Überschwemmungen oft weit über die Ufer und macht gelegentlich erst knapp vor den Wohnungen der Menschen halt?

WAHRHEIT

Die Sage vom *Schwarzen Felsen vom Wörthersee* ist über die Jahrhunderte weitergegeben worden und hat im Zuge ihrer Tradierung immer mehr an Sagenhaftem verloren und an Wahrheitsgehalt im Sinne von Wirklichkeitsnähe gewonnen. Die Nixe spielt in der Vertonung, die der Kärntner Thomas Koschat (1845–1914) im 19. Jahrhundert komponiert hat und die das Kärntner Lied in Europa und Amerika populär gemacht hat, keine Rolle mehr. Die schönen Seerosen sind das Lockmittel, ein Felssturz besiegelt den Untergang des jungen Lesachtalers.

's Röserl vom Wörthersee

Es schwimmt beim schwarzen Felsen
in dunkelgrüanen See
a wunderherzig's Röserl,
sei Blüah is weiß, is weiß wie Schnee
Gar stolz spielt's mit die Wellen
und kummt wer in die Näh',
so hebt's als wollt's ihn ruafen,
das Köpferl hoch in d'Höh'
Doch traut sich's Niemand zu braken
gar g'fährlich is die Stell'
denn glei beim schwarzen Felsen
da führt da Weg in d'Höll'.

Von Lesachtal a Jager,
Gott gib ihm d'ew'ge Ruah,
der hat nit viel drauf g'haltn
denn er, er war a schneid'ger Bua.
Sein Diandlan hat er g'schworen:
„Du sollst das Röserl hon
i wer's halt frisch probieren,
a Busserl werd mei Lohn!"

Bei Nacht, die Stern ham gleuchtet
am See war heil'ge Ruah
da steigt er in a Schifferl
und fahrt dem Felsen zua
Schon jauchzt er voller Freuden,
denn's schwimmt in schönster Blüah,
das Röserl ihm entgegen,
so schön wia heunt war's nia.
Da kracht's, der schwarze Felsen
das Schifferl sinkt, o weh!
Da Jager is verschwunden
und ruhig is der See.

Es schwimmt beim schwarzen Felsen
in dunkelgrüanen See,
a wunderherzig's Röserl,
sei Blüah is weiß wia Schnee.
Gar traurig blickt's zum Felsen
und kummt wer in die Näh',
so hebt's als wollt's ihn warnen
das Köpferl hoch in d'Höh'.

Text und Musik: Thomas Koschat, Kärnten
Mischung aus dem Edelweiß-Lied und der Loreley aus dem Großen Volks-Liederbuch (ca. 1900)

„Åba drin in mein Herzlan, då is mir so schwar" — Die traurige Geschichte der Ottilie Freiin von Herbert

Ein weißes Marmorkreuz mit einer verwitterten und heute kaum mehr lesbaren Inschrift erhebt sich an der dem See zugewandten Ostseite der Pfarrkirche Maria Wörth. Mit ein wenig Fantasie identifiziert man folgende Zeilen: „Ich will wiederkommen und euch zu mir nehmen, damit ihr dort seid, wo ich bin" (Johannes 14,3). Das Kreuz gehört zu einem Grab: Wenn es hier ein Grab gäbe, wäre es leer, denn das Kreuz erinnert an eine junge Frau, die nicht ganz so viel Glück gehabt hat wie das Mädchen aus der Sage vom *Wassermann im Wörthersee*.

„Ottilie Freiin von Herbert, geb. den 19. Juli 1825, verunglückt im Wörthersee am 26. September 1847", steht auf dem Sockel des Marmorkreuzes zu lesen.[34] An diesem schicksalhaften Tag fuhr die Unglückliche nachts alleine mit einem Ruderboot hinaus auf den See — und kam nicht mehr zurück. Ihr Leichnam wurde nie gefunden, daher ranken sich bis heute Legenden um ihr rätselhaftes Verschwinden. Ob sie zum Opfer eines tragischen Unfalls oder eines Verbrechens geworden war? Oder hatte sie sich das Leben genommen, womöglich aus unglücklicher Liebe? Einiges deutet darauf hin. Ottilie stammte aus einer angesehenen Kärntner Familie. Sie war die dritte von sieben Töchtern des Fabrikinhabers und Realitätenbesitzers Ignaz Joseph Freiherr von Herbert (1780–1856) und seiner Frau Theresie (1801–1835). Ihr Geburtshaus in Reifnitz (damals das Haus mit der Nummer 7, heute Seenstraße 14, Maria Wörth), in dem die Mädchen allesamt auf die Welt kamen und bis zum Erwachsenenalter blieben, wurde in der Gegend liebevoll als das „Engelsnest zu Reifnitz" bezeichnet.[35]

Kunst wurde in diesem Haus großgeschrieben: Zusammen mit der Familie von Moro aus Viktring (siehe unten *Der Viktringer Kreis und das wilde Südufer*) waren die von Herberts tonangebend für das kulturelle Leben rund um den Wörthersee und darüber hin-

aus. Malerei und Musik standen so für Ottilie und ihre Schwestern an der Tagesordnung. Es gehörte zum guten Ton, sich darin zu perfektionieren. Etwas überschattete die kunstvolle, heile Welt: Über der Familie von Herbert lag eine Tragik, die sich von Generation zu Generation fortsetzte. Ottilies Mutter verstarb im Alter von nur 34 Jahren. Sie ließ die Mädchen, von denen die Jüngste gerade erst einmal zwei und Ottilie zehn Jahre alt geworden war, als Halbwaisen zurück. Die Haushälterin sollte von nun an die Mutterrolle übernehmen.

Etwa zwanzig Jahre zuvor hatte ein anderer tragischer Todesfall das Familienglück erschüttert: Ottilies Großonkel, Freiherr Franz Paul von Herbert (1759–1811), hatte sich in Triest mit nur 52 Jahren das Leben genommen. Der Klagenfurter Industrielle hatte im Jahr 1781 die Bleiweiß-, Salpeter- und Mennige-Fabrik – die erste in Österreich – von seinem Vater übernommen.[36] Das wegen seines schönen Glanzes und seiner Deckkraft begehrte Bleiweiß, das für Farben und Weißtöne in der Ölmalerei unverzichtbar war, wurde von Klagenfurt aus europaweit und sogar bis in die Türkei und nach Ägypten exportiert.[37] Franz

Das weiße Marmorkreuz zum Gedenken an Ottilie von Herbert am Friedhof der Wallfahrtskirche Maria Wörth

Paul von Herbert war jedoch nicht nur ein experimentierfreudiger Chemiker, sondern vor allem ein Schöngeist und Philosoph, der sich auch als Kunstmäzen einen Namen machen sollte. Spätestens im Sommer des Jahres 1790 dürfte ihm Klagenfurt zu eng und seine Verpflichtungen als Familienvater — er hatte sich fünf Jahre zuvor verehelicht und war inzwischen Vater zweier Kinder — und als Großindustrieller zu eintönig geworden sein. Er kehrte seiner Heimatstadt den Rücken und brach nach Weimar auf, wo er sich dem Jenaer Philosophieprofessor Carl Leonhard Reinhold (1757–1823) anschloss, dessen *Briefe über die Kantische Philosophie* gerade eben als Monografie publiziert worden waren. Bei einem Besuch in Jena wenig später lernte er die Dichter Novalis und Friedrich Schiller kennen. Letzteren unterstützte er nicht nur finanziell, sondern er machte auch Werbung für dessen Literaturzeitschrift *Die Horen* (1794/95). Von Herbert war begeistert von Immanuel Kant und der Philosophie der Aufklärung und er setzte es sich zum Ziel, ihr in Klagenfurt eine Heimstätte zu schaffen. So gründete er nach seiner Rückkehr in die Heimat in seiner Villa am St. Veiter Ring 1 — dem sogenannten Herbertstöckl — einen philosophisch-literarischen Salon, der im letzten Jahrzehnt des 18. Jahrhunderts zu einem „intellektuellen Zentrum der österreichischen Aufklärung"[38] wurde. Durch seine Begeisterung für die Aufklärung, die Französische Revolution und seine Nähe zu den Jakobinern und den Freimaurern zog der sogenannte Herbert-Kreis die Aufmerksamkeit der reaktionären Kräfte unter Kaiser Franz II. auf sich. Hausdurchsuchungen folgten. Mit ihnen die Einschränkung der „selbstdenkerischen Freiheit" des Salons. Als seine Bleiweißfabrik bei einer Sprengung am 11. Jänner 1810, an dem Tag, an dem die Franzosen Klagenfurt räumten, zur Gänze zerstört wurde, verfiel von Herbert in Depression und nahm sich nur ein Jahr später das Leben.

Nur sieben Jahre zuvor war seine Schwester, Maria Regina Freiin von Herbert (1769–1803), unter ähnlich mysteriösen Umständen verschwunden wie Jahrzehnte später die schöne Ottilie. Maria hatte dem aufklärerischen Zirkel um ihren Bruder angehört und ist vor allem aufgrund ihrer Korrespondenz mit Immanuel Kant bekannt geworden. Am 23. Mai 1803 gab sie im Herbertstöckl eine Gesellschaft, die

Die Gedenktafel für Ottilie von Herbert am »Engelsnest«

sie unter einem Vorwand verließ und spurlos verschwand. Wahrscheinlich nahm sie sich noch am selben Tag das Leben. Der Grund für die verzweifelte Tat dürfte ihre unglückliche Liebe zu Ignaz Ritter von Dreer zu Thurnhub (1762–1842) gewesen sein, der ebenfalls zum Herbert-Kreis gehörte: Ihr Leichnam wurde wie der ihrer Großnichte nie gefunden.

Jahrzehnte später, am Tag nach Ottilies spurlosem Verschwinden, fand der verzweifelte Vater am Pult ihres Klaviers eine Komposition seiner Tochter, ein Lied, das ihre unglückliche Liebe besingt. Hatten sie wie Maria Verzweiflung und Liebeskummer in den Tod getrieben?

Ottilies Komposition mit dem Titel *I tua wohl* gilt als das erste in Moll verfasste Volkslied Kärntens. Es wurde später von ihrem Cousin, Edmund von Herbert (1819–1854), dem Herausgeber der ersten Sammlung von Kärntnerliedern, in die Sammlung aufgenommen.

I tua wohl

I tua wohl, i tua wohl, als wånn mir nix
   war.
Åba drin in mein Herzlan, då is mir
   so schwar.
Is mir ållweil so schwar als wånn a Stanle
   drin war,
und i wissat wohl wen, der mir's ausa
   kunnt nehm.
Is mir ållweil so schwar als wånn
   a Schlößle dråan war,
lei an anziges Dirndle håt dås Schlüssle
   dazua.

Ottilies Geschichte diente dem Klagenfurter Dichter Egyd Gstättner als Vorlage für seinen 2005 erschienenen Roman *Das Mädchen im See*. Und das Lied selbst wurde zuletzt von dem Kärntner Musiker und Musikproduzenten Herwig Zamernik, Bassist und Mastermind der Klagenfurter Rockband Naked Lunch, auf seinem Album *Hände weg von allem* neu interpretiert.

Den Versuchen der Nixen und Wassermänner, ihre Opfer auf den Seegrund zu holen, steht das Eingreifen der heiligen Jungfrau Maria entgegen. Von diesem Glauben zeugt eine Votivtafel aus der Mitte des 18. Jahrhunderts, die auf der Halbinsel Maria Loretto aufbewahrt wird. Auf ihr steht geschrieben:

Den 17. Juni 1754 zwischen 3 und 4 Uhr Nachmittag hat sich ein erschröckliches und ungestümes Sturmwetter mit grausamen Wind, das dergleichen niemals auf den Werther See zu erhören gewest. Also zwar ist der See so ungestüm geworden, das uns 8 Personen da wir ein Landschafte Schiff mit 28 Klafter Holz beladen, ruderten, die Wellen dergestalten überschwemeten, das Holz am aus dem Schiff geworfen, das Schiff zerscheitert und wir in großer Gefahr des Todes gestanden, besonders aber zwey, da wir gegen ganzen Stund lang auf zwei Rudern schwimeten und den Tod oder Untergang vor Augen gesehen. Sobald wir aber um Hilf und Beystand der seeligsten Jungfrau Maria Loretto angerufen sind wir von der Gefahr glücklich erledigt worden.
Zur großen Danksagung haben wir diese Tafel geopfert und uns in Schutz hinfiro anempfohlen.

Der Viktringer Künstlerkreis und das wilde Südufer

Glaubt man den Sagen, treiben zumindest zwei Nixen im Wörthersee ihr Unwesen, die eine am Nordufer unterhalb der Burg Leonstein und die andere weiter im Süden bei Maiernigg. Mit keiner von beiden ist gut Kirschen essen, schon gar nicht, wenn man jung, verliebt und männlich ist. Wenn man sich jedoch zwischen den beiden Nixen entscheiden müsste, gewissermaßen also zwischen den Seemonstern Skylla und Charybdis aus der griechischen Mythologie stünde, würde man wohl Ersterer den Vorzug geben. Mit ihrem goldschimmernden Haar ist sie doch die bei Weitem Lieblichere. Von ihr wird später noch die Rede sein (Kapitel *Reifnitz und Leonstein – Zwei Burgen und eine Schlangeninsel*).

Die Nixe bei Maiernigg ist jene, die den jungen Jäger aus dem Lesachtal zu sich holte aus Zorn über die gestohlenen Seerosen. Sie selbst tritt übrigens nie selbst in Erscheinung. Nur ihre Hand wird sichtbar, wenn sie die Unglücklichen zu sich in die Tiefe holt. Jedoch auch wenn sie sich nicht zeigt, ist sie allgegenwärtig: Der Schwarze Felsen, der drohend in den Himmel ragt, hat ihre Gestalt, anstelle ihres Gesangs ist das unheimliche Gurgeln eines Strudels hörbar, und die Blütenkelche der Seerosen, die sie als ihr fatales Lockmittel einsetzt, leuchten wie „Todeskerzen", lautet die Sage.

Eine Sage hat stets einen größeren Wirklichkeitsanspruch als etwa ein Märchen. Sie will, wie der deutsche Mediävist und Volkskundler Friedrich Ranke (1882–1950) sagt, „Wirklichkeit geben"[39]. Daher sind ihre Protagonistinnen und Protagonisten auch nicht von dem Ort zu trennen, an dem sie vorkommen. Dass die Nixe von Maiernigg um so vieles düsterer dargestellt wird als die zweite Nixe im Wörthersee, ist kein ganz ausgedachter Zufall, sondern darin begründet, dass das Südufer des Wörthersees lange Zeit als nicht besonders attraktiv galt – zumindest nicht für jedermann: Dort fällt der „mit dunklen Bäumen bewachsene Abhang steil bis zum Wasser herab" – wie in der ersten Sage zur Ent-

Das Südufer des Wörthersees

stehung des Wörthersees erzählt – und bildet die sogenannte Schwarze Wand. Unter ihr ertönen zur Geisterstunde zu allem Überfluss auch noch die Glocken der versunkenen Stadt. Das Südufer des Wörthersees war in der Realität unwegsam und auch ein wenig unheimlich. Am angrenzenden Ostufer gab es bis zum Ende des 19. Jahrhunderts noch viele sumpfige Verlandungszonen – was zur Folge hatte, dass sich die Stadt Klagenfurt „in einem gewissen Respektabstand zum See hin entwickelte" –, das Südufer selbst war über weite Abschnitte hin durch einen relativ schmalen Übergang zwischen dem „Wasser und angrenzenden Hangwäldern geprägt".[40] Und es war schwer zu erreichen. Die Verbindungsstrecke zwischen Klagenfurt und Villach verlief am Nordufer, und auch die Bahnstrecke wurde dort gebaut. Sie wurde 1864 fertiggestellt. Die Wörthersee-Süduferstraße, die ursprünglich Kaiser-Franz-Josef-Straße hieß, wurde überhaupt erst am 17. September 1899 eröffnet,[41] insofern war das Südufer bis dato lediglich zu Fuß oder mit dem Ruderboot durch den Reifnitzgraben oder über „Stichwege aus dem Keutschacher Seetal erschlossen".[42] Es war nur sehr dünn besiedelt. Bis auf vereinzelte Gehöfte und eine wunderschöne, damals noch einsam gelegene Wallfahrtskirche auf einer Halbinsel – Maria Wörth – gab es hier nichts besonders Anziehendes, sah man von der ungetrübten Aussicht auf die „österreichische Riviera" mit ihren zahllosen, oft südländisch anmutenden Villen und Pensionen im Stil der Jahrhundertwende auf der gegenüberliegenden Seeseite ab.

Eine liebliche Wassernymphe mit goldenem Haar wäre am schlecht erschlossenen, schwer zugänglichen und als gefährlich verschrienen Südufer fehl am Platz, die düstere hingegen steht für das Lokalkolorit. Ein Lokalkolorit, das übrigens nicht nur Eingang in die Sagen gefunden hat, sondern auch ein beliebtes Sujet Kärntner Heimatmaler wie Eduard von Moro (1790–1846) und Markus Pernhart (1824–1871) war. Sie gehörten beide dem sogenannten Viktringer Künstlerkreis an, einer losen Gruppe von Künstlern, die sich im 19. Jahrhundert um den in Viktring ansässigen Tuchfabrikanten und Unternehmer Eduard von Moro versammelt hatten, der selbst auch ein begeisterter Maler, vor allem jedoch ein Kunstförderer war.[43] Es ist nicht bekannt, bei wem Moro gelernt hat, belegt ist jedoch, dass in den Jahren zwischen 1810 und 1814 der angesehene Landschaftsmaler Franz Steinfeld (1787–1868) immer wieder in Viktring zu Besuch war. Steinfeld ist es zu verdanken, dass sich die Landschaftsmalerei als eigenständiges Genre in Kärnten etablieren konnte. Da er an der Akademie der bildenden Künste in Wien lehrte, stand er in regem Austausch mit der Wiener Kunstszene, wohin er auch den jungen und äußerst begabten Markus Pernhart vermittelte, an dessen Werken er großen Gefallen fand. Pernhart besuchte später – auch auf Vermittlung Steinfelds – die Münchner Akademie, kam jedoch bald schon wieder nach Kärnten zurück, wo er mit seinen romantischen Landschaftsimpressionen großen Erfolg hatte. Zu den am meisten kopierten und auch gefälschten Werken des Biedermeiermalers – die Massenfabrikation berühmter Landschaftsblicke für touristische Zwecke stand damals an der Tagesordnung – gehört neben einer lithografischen Ansicht von Heiligenblut mit dem Großglockner eine Darstellung von Maria Wörth, die sich heute in der Kärntner Landesgalerie befindet.[44] Am rechten Bildrand ist das wildromantische Südufer mit der Schwarzen Wand erkennbar, die in Pernharts – aber auch in Moros Bildern – als wichtiges Motiv eine immer wiederkehrende Rolle spielt.

Gustav Mahler und die Villa Schwarzenfels

Markante Landschaftsformationen wie die Schwarze Wand haben von jeher die Fantasie der Menschen angeregt, und sie haben Künstlerinnen und Künstler immer wieder zu eindrucksvollen Werken inspiriert. Ob in Literatur, Musik, Kunst oder Architektur, wir begegnen allseits der Schwarzen Wand vom Wörthersee, die wahlweise auch als Schwarzer Felsen bezeichnet wird. So trägt etwa auch ein imposantes, schlossartiges Gebäude ihren Namen: die Villa Schwarzenfels. Ihre heutige Adresse lautet Wörthersee-Süduferstraße 17.

Damals waren an dieser Adresse Nachbarn rar. Die schroffe und doch etwas abgelegene Gegend übte womöglich einen Reiz auf ein paar Individualisten aus, das Gros fühlte sich jedoch in den mondänen Touristenhochburgen auf der gegenüberliegenden Seeseite wohler. Dort waren auch die Nixen nicht ganz so gefährlich ...

Zwei Architekten zeichnen verantwortlich für das heutige Erscheinungsbild der Villa: Der Grazer Georg Hladnig errichtete 1890 das Gebäude auf einer in den See vorspringenden Felsenterrasse im Stil des romantischen Historismus, der Wiener Friedrich Theuer verlieh ihr ihren letzten oder vielmehr späthistorischen Schliff.[45]

Der wohl mit Abstand prominenteste Gast in der Villa Schwarzenfels war Gustav Mahler (1860–1911). Für ihn sollte das Südufer des Wörthersees schicksalhaft werden. Es waren die Tage vom 12. bis zum 14. September des Jahres 1899, an denen er der Villa einen Besuch abstattete. Nur zwei Jahre zuvor war der Komponist zum ersten Kapellmeister und Direktor der Wiener Hofoper avanciert, was vom Wiener Publikum nicht ganz ohne Misstrauen beäugt worden war: Mahler war mit seinen gerade einmal 38 Jahren doch noch ziemlich jung. Nachlesen kann man das etwa bei Stefan Zweig in seinen wunderbaren Memoiren *Die Welt von Gestern. Erinnerungen eines Europäers*, die erst zwei Jahre nach seinem tragischen Suizid publiziert wurden:

Als einmal ein erstaunlicher Ausnahmefall sich ereignete und Gustav Mahler mit achtunddreißig Jahren zum Direktor der Hofoper ernannt wurde, ging ein erschrecktes Raunen und Staunen durch ganz Wien, daß man einem „so jungen Menschen" das erste Kunstinstitut anvertraut hatte (man vergaß vollkommen, daß Mozart mit sechsunddreißig, Schubert mit einunddreißig Jahren schon ihre Lebenswerke vollendet hatten).[46]

Etwas weiter unten hält Zweig jedoch auch Folgendes fest:

Gustav Mahler auf der Straße gesehen zu haben, war ein Ereignis, das man stolz wie einen persönlichen Triumph am nächsten Morgen den Kameraden berichtete ...[47]

Die Villa Schwarzenfels

Die Villa Mahler-Siegel

Mahler hatte sich bereits einen Namen gemacht – für seine Antrittsvorstellung in Wien am 11. Mai 1897 hatte er Wagners *Lohengrin* gewählt – und sein Ansehen stieg stetig. Seine neue Aufgabe und seine Bestrebungen, seinem Verständnis von Oper als Gesamtkunstwerk, in dem Musik und szenische Darstellung eng aufeinander abgestimmt waren und im Idealfall eine Einheit bildeten, zum Durchbruch zu verhelfen, nahmen ihn jedoch ganz in Anspruch und ließen ihm unterm Jahr wenig Zeit für eigene Kompositionen. Dafür blieben ihm lediglich die Sommermonate. Der Wörthersee gehörte zu seinen bevorzugten Sommerfrischedestinationen. In den Gasthöfen, in denen er bisher abgestiegen war, hatte er jedoch wenig Ruhe zum Komponieren gefunden. Das veranlasste ihn dazu, nach einem eigenen Heim am See zu suchen, und so beauftragte er seine Schwester Justine damit, ein geeignetes Grundstück ausfindig zu machen. Da es ihm vornehmlich um Ruhe und Abgeschiedenheit ging, kam das belebte Nordufer nicht infrage, viel attraktiver erschien da schon die Einsamkeit, die das abgelegenere Südufer versprach. Mitte September des Jahres 1899 wurde er so in der Villa Schwarzenfels vorstellig, da ihm Friedrich Theuer das Nachbargrundstück von Fürst Orsini-Rosenberg vermittelt hatte. Theuer entwarf später auch die Pläne für Mahlers Villa an der Wörthersee-Süduferstraße 23, damals Maiernigg 31. Die Aufregung, die mit dem Grundstückserwerb und der Vertragsunterzeichnung einherging, hat Mahlers langjährige enge Vertraute und Freundin, die Bratschistin Natalie Bauer-Lechner, in ihren *Erinnerungen an Gustav Mahler* (1923) festgehalten:

Schwarzenfels – 12. September 1899

Mahler war auf zwei Tage hier und hat den Vertrag zum Grundkauf für sein Haus und Häuschen nun wirklich unterschrieben. Auch mit dem Baumeister ist schon alles abgemacht.
Die zwei Tage auf „Schwarzenfels" vergingen außer den geschäftlichen Erledigungen mit vielfachem Abgehen und immer wieder Besehen von Mahlers Gründen.

„Es ist zu schön, man vergönnt es sich nicht", soll Mahler knapp zwei Jahre später beim Anblick seiner nun bezugsfertigen Villa, einer Ferienvilla im späthistorischen Stil, gesagt haben, so steht es in Natalie Bauer-Lechners *Erinnerungen*:

**Sommer 1901 Mahler-Villa —
Im neuen Heim**

Schon die Lage des Hauses zwischen Wald und See ist ein solcher Zauber an Lieblichkeit, daß man es nie gewöhnen kann, sondern es immer aufs neue entzückend empfindet. Zwei herrliche, große Steinterrassen (eine offene im Hauptgeschoß und die gedeckte Loggia darunter) bieten den weitesten Blick über den See, der einem schon durch jedes Fenster lacht, wie auch der Wald mit den hohen Wipfeln seiner Fichten und Erlen überall hereinlugt. Wie eine hohe Warte aber ist Mahlers Balkon vor seinem Dachgeschoß. „Es ist zu schön", sagte er; „man vergönnt es sich nicht."

Sein Glück über den Ort hielt nicht allzu lange an. Über der Villa ist auch heute noch ein Hauch von der Tragik spürbar, die hier nur wenige Jahre später über Mahler hereinbrach und ihn dazu bewog, dem Wörthersee für immer den Rücken zu kehren — aber so weit sind wir noch nicht.

Zur selben Zeit, als die Villa, die heute leer und verlassen wirkt, gebaut wurde, ließ sich der Hofoperndirektor auf einer Waldlichtung über dem See auch noch ein Komponierhäuschen errichten, das heute wie das Hauptgebäude selbst unter Denkmalschutz steht und als Mahler-Museum geführt wird. Hier endlich fand er die Ruhe zum Komponieren, die er sich so sehnsüchtig gewünscht, so bitter benötigt hatte. Der wildromantische Platz inspirierte ihn zu einigen seiner wichtigsten Werke: Mahlers 4., 5., 6., 7. und auch noch große Teile der 8. Symphonie entstanden hier in unmittelbarer Nachbarschaft zum Schwarzen Felsen. Die Ambivalenz des Ortes, an dem Glück und Unglück — Liebe und Tod wie in der Sage — so eng beieinanderzuliegen scheinen, sprach zum sensiblen Künstler dabei von Anfang an. Das geht aus seinen eigenen Zeilen hervor, in denen er das Arbeiten in seinem Komponierhäuschen wie folgt charakterisiert:

Das Komponierhäuschen von Gustav Mahler

Diesmal ist es auch der Wald mit seinen Wundern und seinem Grauen, der mich bestimmt und in meine Tonwelt hineinwebt. Ich sehe immer mehr: Man komponiert nicht, man wird komponiert.

Der Zauber des Ortes wird bestimmend für Mahlers künstlerisches Schaffen. Seine Tonwelt ist nicht abzulösen von den beschriebenen „Wundern und dem Grauen des Waldes" um ihn herum. Nie zuvor, so Mahler weiter, habe er „unter solchem Zwange gearbeitet" wie etwa bei der Niederschrift der 8. Symphonie, die im Sommer des Jahres 1906 in Maiernigg entstanden ist und zu seinem wohl wichtigsten Werk wurde. „Es war wie eine blitzartige Vision – so ist das Ganze sofort vor meinen Augen gestanden und ich habe es nur aufzuschreiben gebraucht, so, als ob es mir diktiert worden wäre".[48] An einem anderen Ort hätte Mahler seine 8. Symphonie in all ihrer komplexen Spiritualität und Schönheit mit Sicherheit anders komponiert, die Umgebung schreibt sich in jede Literatur ein. Bereits 1907 war das Werk fertiggestellt, seine Uraufführung fand 1910 in München statt.

Die 8. Symphonie — zu seinen Lebzeiten als sein größter Erfolg gefeiert — widmete Mahler seiner Frau Alma. Das Motiv, das den ersten und zweiten Teil der Symphonie verbindet, ist das Liebes-Thema. Mahler liebte seine Frau leidenschaftlich, die Ehe mit ihr stand jedoch unter keinem guten Stern.

Gustav Mahler hatte die um neunzehn Jahre jüngere Alma Schindler am 7. November 1901 in dem legendären Salon von Berta Zuckerkandl im Palais Lieben-Auspitz an der Wiener Ringstraße — heute befindet sich dort das Café Landtmann — kennengelernt und war dem Zauber der damals schon in der Wiener Musik- und Literaturszene gefeierten Schönheit augenblicklich erlegen. Er heiratete sie am 9. März 1902 in der Wiener Karlskirche — ungeachtet vieler Bedenken, auch vonseiten seines engsten Vertrauten Bruno Walter, seines Zeichens Kapellmeister an der Wiener Hofoper, der neben dem großen Altersunterschied auch die Tatsache für problematisch hielt, dass Alma an „ein glänzendes gesellschaftliches Leben" gewöhnt und Mahler „weltfremd und einsamkeitsliebend war". Obwohl Mahler seine Frau leidenschaftlich liebte, sollte sich dennoch bald bewahrheiten, was sein Freund ihm prognostiziert hatte: Alma begann zusehends unter der Arbeitswut ihres Mannes zu leiden. Sie fühlte sich vernachlässigt, und daran konnten auch die Geburten ihrer beiden Töchter — 1902 Maria und 1905 Anna Justina — nichts ändern. Nach und nach entwickelte sie eine Art Eifersucht auf die künstlerische Tätigkeit ihres Mannes, schließlich hatte sie selbst vor ihrer Verehelichung bei Alexander von Zemlinsky (1871–1942) Komposition studiert. Mahler, der sich jedoch eine Ehe mit einer womöglich konkurrierenden Kollegin nicht hatte vorstellen können, hatte Alma vor der Eheschließung in einem zwanzigseitigen Brief (*Ein Glück ohne Ruh. Die Briefe Gustav Mahlers an Alma*, 1997) vor die Wahl gestellt: er oder ein Leben als Musikerin. Alma hatte sich darauf eingelassen und der Ehe den Vorzug gegeben, der Verzicht auf eine eigene Karriere schien ihr jedoch augenscheinlich schwerer als geahnt.

Besonders das vertiefte Arbeiten im Komponierhäuschen in Maiernigg, das ihr weniger zauberhaft erschien als ihrem Mann, wurde zu einer Belastung für ihre Ehe. Für Alma war es kein Ort der Inspiration, sondern vielmehr nichts „anderes als ein großes gemauertes Zimmer, worin ein Flügel stand und auf den Regalen ein vollständiger Goethe und Kant. Außerdem an Noten nur Bach".[49] Dass sich Mahler dorthin beinahe täglich von 7 bis 12 Uhr und nachmittags von 16 bis 19 Uhr zurückzog, nahm sie ihm übel:

Später — Maiernigg

Ich war den ganzen Vormittag allein, bis Gustav aus seinem Arbeitshaus heruntergekommen ist, noch so voll und glücklich von seiner Arbeit. Da konnte ich mich nicht halten, und wieder kamen die Tränen, vor Neid. Er wurde furchtbar ernst. Er zweifelt nun an meiner Liebe … Und wie oft habe ich selbst daran gezweifelt … Jetzt vergehe ich vor Liebe — und im nächsten Moment empfinde ich nichts![50]

Alma ist hin- und hergerissen zwischen leidenschaftlicher Liebe und einem Gefühl von Leere. Täuschung wird zur Enttäuschung. Ihr Lebensentwurf gerät ins Schwanken. Sätze wie „Ich habe alle Lust am Leben verloren"[51] sprechen Bände. Einst hat sie als „flugfroher, farbenfroher Vogel", wie sie in ihrer Biografie schreibt – *als Undine?* –, die Männerwelt bezirzt, nun erkennt sie die traurige Wahrheit: Mahler wäre „mit einem grauen, schweren [sc. Vogel] besser geholfen gewesen. Gustav lebt sein Leben", resümiert sie, „und ich habe auch das seine zu leben".[52] Über die Enttäuschung versucht sie, sich mit einem heftigen Flirt mit Mahlers Kollegen Hans Pfitzner hinwegzuhelfen, was Mahler selbst beinahe in den Wahnsinn treibt.

Zum Schicksalstag wird den beiden dann der 11. Juli 1907: Maria, ihre ältere Tochter, hatte sich bei ihrer jüngeren Schwester mit Scharlach angesteckt und war nun zusätzlich an Diphtherie erkrankt – „weit weg von Ärzten und Hilfe"[53], wie Alma in ihrer Biografie festhält. Der Versuch, dem Kind, von dem die Mutter sagt, es sei „ganz sein [sc. Mahlers] Kind" gewesen, „wunderschön und trotzig", mit einem Kehlkopfschnitt das Atmen zu ermöglichen und damit das Leben zu retten, scheitert. Maria stirbt im Alter von nur vier Jahren. Fluchtartig verlässt die Familie den Wörthersee – auf Nimmerwiedersehen. Maiernigg mit seinem Schwarzen Felsen hatte ihr kein Glück gebracht. Mahler selbst verstirbt nur vier Jahre später an einem Herzleiden.

Das Waldhaus von Alban Berg

„Das wahre Tier, das wilde, schöne Tier" — Alban Berg und „die Urgestalt des Weibes" Lulu

Sie ward geschaffen, Unheil anzustiften, zu locken, zu verführen, zu vergiften …

Alban Berg, Lulu, Prolog

„Da wohnt das Glück", schreibt Alban Berg am 6. Dezember des Jahres 1932 auf eine Postkarte, die eine Ansicht des Wörthersees zeigt, an seine Frau Helene.[54] Mit „da" ist die Lage ihres neuen Kärntner Domizils gemeint: das sogenannte Waldhaus in Auen. Berg hat es mit einem Pfeil auf der Postkarte markiert. Zwei Monate zuvor, am 14. Oktober desselben Jahres, hatte ihm ein Klagenfurter Immobilienhändler in seinem Büro unweit des Lindwurmbrunnens diverse Ferienhäuser in der Wörthersee-Region zum Kauf angeboten, darunter auch dasjenige Objekt, das dann schließlich am 7. November in Bergs Eigentum übergehen sollte: die im Jahr 1897 im „alpenländischen" Stil nach dem Vorbild eines „Tiroler Hauses" erbaute Villa Nr. 22.[55]

Dass Berg über die notwendigen Mittel verfügte, hatte zwei Gründe: Zum einen hatte das Ehepaar von den Eltern eine nicht unbedeutende Summe geerbt, zum anderen stand der Komponist damals im Zenit seines Erfolgs. Seine Oper *Wozzeck*, die 1925 — übrigens mit der finanziellen Unterstützung von Alma Mahler (bald schon Alma Mahler-Werfel und seit Kurzem nicht mehr Alma Mahler-Gropius) — in der Berliner Staatsoper „Unter den Linden" uraufgeführt worden war, hatte sich zu einer Art Dauerbrenner an den Opernhäusern nicht nur europa-, sondern weltweit entwickelt. Allein die Uraufführungsinszenierung war zwanzigmal zu sehen gewesen, dann wurde die Oper an fünfzehn deutschen Bühnen nachgespielt, darauf folgten Inszenierungen in Prag (1926), Leningrad (1927), Wien, Aachen und Amsterdam (1930) und 1931 in Philadelphia, Zürich und New York. Der wohl mit Abstand bedeutendste Schüler von Arnold Schönberg (1874—1851) litt also keine Not.

In seiner Heimat hatte den Wiener Alban Berg speziell die erste Aufführung von *Wozzeck* an der Wiener Staatsoper am 30. März 1930 zu einem gefeierten Komponisten und angesehenen Mann gemacht. Schon zu Beginn des Jahres, exakt am 30. Jänner, war er zum Mitglied der Preußischen Akademie der Künste ernannt worden, nun sollte ihm der Preis der Stadt Wien verliehen werden.[56] Man hatte Alban Berg „entdeckt" und das versetzte ihn in die Lage, sich lange gehegte Wünsche zu erfüllen: Von Mai 1930 an nahm Berg Fahrstunden, und im Juni desselben Jahres entschied er sich für den Ankauf eines Ford A Cabrio 1930.[57] Purer Luxus in Zeiten wie diesen, in denen auf 292 Einwohner ein Auto kam. Das Ehepaar Berg war so stolz auf die Neuerwerbung, dass es sogar eine Postkarte mit sich und dem Auto, ihrem „blauen Vogel", anfertigen ließ.[58] Der Ford war mehr als nur ein Fortbewegungsmittel für sie. Er war Prestigeobjekt — und vor allem auch ein probates Mittel für Erkundungsfahrten aufs Land und in die Berge. Und er rückte den Traum von einem eigenen Feriendomizil in Kärnten in greifbare Nähe, denn mit dem eigenen Auto zu reisen war bei Weitem bequemer als mit dem Zug. Südbahn hin oder her.

Wie war Alban Berg nun ausgerechnet auf den Wörthersee gekommen, und da im Speziellen auf das wilde Südufer, wenngleich es sich in Auen auch ein wenig sanfter präsentiert als unter dem Schwarzen Felsen? Der Süden Österreichs war ihm nicht ganz unbekannt. Bis dato hatten Helene und er ihre Sommer entweder auf dem Anwesen von Helenes Eltern in Trahütten bei Deutschlandsberg in der Steiermark verbracht — Helenes Vater, Franz Nahowski, hatte dort im Jahr 1893 eine Villa erstanden, in der sich die Familie während der Sommermonate aufhielt — oder im sogenannten Berghof am Ossiacher See, einem Besitz der Familie Berg seit dem Jahr 1894. Hier verlebte die Familie samt dem aus Wien mitgereisten Personal ihre Sommer.[59] Der als landwirtschaftlicher Betrieb geführte Berghof verlangte Alban mitunter auch einiges an körperlichem Einsatz ab, vielleicht mehr, als dem Komponisten lieb war — wenngleich er auch dort mitunter genug Ruhe fand, zumindest Teile seines *Wozzeck* zu verfassen.

Am Wörthersee sollte das nun anders werden. Das Waldhaus, das auf einer sanften Anhöhe über dem See lag und von hohen Bäumen umgeben war, sollte zu seinem Refugium werden, zu einem Rückzugsort in Zeiten, in denen alles andere, politisch – und menschlich – gesehen, unaufhaltsam auf eine Katastrophe zusteuerte. Der Nationalsozialismus erlebte nach der Machtübernahme Hitlers in Deutschland überall Aufschwung, und man musste nicht mehr zwingend ein Pessimist sein, um zu erkennen, dass es für die jüdische Bevölkerung auch in Österreich immer schwieriger werden würde. Emigrationswellen entweder nach Palästina oder in die Vereinigten Staaten setzten ein. Als einer der Ersten kehrte Arnold Schönberg, Albans Lehrer, Mentor und Freund, der aus einer jüdischen Familie stammte, Wien beziehungsweise Berlin den Rücken, nachdem man ihm die Professur an der Preußischen Akademie der Künste aberkannt und ihm seine Meisterklasse weggenommen hatte. Er emigrierte 1933 in die USA und nahm 1941 die amerikanische Staatsbürgerschaft an. Berg, der Schönbergianer, sah sich nun selbst immer öfter genötigt zu betonen, dass er kein Jude sei, und es gestaltete sich immer schwieriger für ihn, sein Werk vor nationalsozialistischen Angriffen zu schützen. Seine Musik wurde als „jüdisch" abqualifiziert, ein Schicksal, das er im Übrigen mit anderen nichtjüdischen Komponisten wie Anton Webern, einem anderen Schüler Schönbergs, und Ernst Krenek teilte. Auch sie waren Opfer der „Säuberung". Man weigerte sich – mitunter auch entgegen vertraglicher Zusicherung wie in Breslau im Jahr 1933 –, Bergs *Wozzeck* zu spielen. Daran konnte auch sein Brief an den Intendanten nichts ändern, in dem er ihn darauf hinwies, dass er Mitglied der Preußischen Akademie der Künste sei und er und seine Frau „arischer Abstammung" seien. Berg hatte dem Brief sogar einen Stammbaum beilgelegt.[60] Nichts half. Seine Musik galt mit einem Mal als „entartet" und wurde kaum mehr aufgeführt. Das hatte finanzielle Einbußen zur Folge: Sein Verlag, die Universal Edition, überwies ihm nur noch 700 anstatt wie bisher 1 000 Schilling, im Oktober 1933 stellte er die Zahlung komplett ein. Die Not war groß, und der Schuldenberg wuchs. Berg zog sich an den Wörthersee zurück. Das Waldhaus wurde zu mehr als nur einer Sommerresidenz, es avancierte zu einer neuen Heimat für das Ehepaar. „So schön sah ich den See noch nie! Welch ein Glück, für uns, daß uns in dieser, ansonsten schwärzesten Zeit, ein solches Licht beschert ist",[61] schreibt er an seine Frau Helene, und später an Adorno, dass das Waldhaus zu verkaufen ihm seine „einzige Lebensfreude"[62] nehmen würde.

Hier wollte Berg sich in Ruhe und allen widrigen Umständen zum Trotz ausschließlich dem Komponieren widmen. Vor allem die Zeit vom frühen Morgen bis zu Mittag war dafür reserviert. Am Nachmittag wurde gebadet oder man unternahm Ausfahrten mit dem Ford.[63] Alban Bergs Arbeitszimmer, für das man in Villach einen großen Flügel angemietet hatte, lag im Obergeschoß.[64] Von hier aus bot sich dem Komponisten ein herrlicher Blick über den Wörthersee. Wie viele andere Künstler vor ihm war Berg wohl empfänglich für den Zauber, der über dem See und dem angrenzenden Ufer lag. Es lässt sich nicht mit Sicherheit sagen, ob er die Nixe vom Schwarzen Felsen — oder war es womöglich doch die vom gegenüberliegenden Ufer? — bei einem Blick aus dem Fenster seines Arbeitszimmers in der Morgendämmerung oder vielleicht bei einem seiner Spaziergänge am Abend tatsächlich gesehen hat, in jedem Fall wurde er hier zur Komposition seiner zweiten, leider unvollendet gebliebenen Oper inspiriert, deren Titelheldin — *Lulu* — große Ähnlichkeit mit den mythischen Wasserfrauen vom Wörthersee hat. Diesen Frauengestalten in ihrer ungebändigten Natur begegnete er jedenfalls nicht erst am Wörthersee: Beim Besuch der legendären Premiere von Wedekinds Skandalstück *Die Büchse der Pandora* — am 29. Mai 1905 im Wiener Trianon-Theater — fand sich Berg als zwanzigjähriger Mann von dem Stoff fasziniert, um den sich später Bergs *Lulu* drehen würde. Die Wellen schlugen hoch ob der Inszenierung, an der etwa auch Egon Friedell maßgeblich beteiligt war und für die sich Karl Kraus, der die Realisierung der Aufführung betrieben hatte, zu einem Vortrag hatte hinreißen lassen. Der Skandalautor Wedekind selbst hatte sich bis dato in drei Prozessen gegen den Vorwurf der Unsittlichkeit verantworten müssen. Die Aufführung machte Eindruck auf Berg. Der Stoff ließ ihn seit damals nicht mehr los. Es dauerte jedoch noch ganze

23 Jahre (bis 1927), bis er seinem Herzen einen Stoß gab und damit begann, an dem Libretto seiner *Lulu* zu schreiben. Kein leichtes Unterfangen, schließlich hatte er sich vorgenommen, beide Dramen Wedekinds in einem Stück zu vereinen (Wedekind hatte mit *Die Büchse der Pandora* seine Tragödie *Erdgeist* fortgesetzt). Bergs Musikverlag, die Universal Edition, zeigte sich äußerst interessiert an dem Projekt. Bis zur musikalischen Umsetzung sollte es jedoch noch dauern, dazu musste Berg offenbar erst an den Wörthersee ziehen. Erst hier fand der Komponist die nötige Ruhe vor, und womöglich auch den Ort, der ihn zur musikalischen Umsetzung inspirierte. Wimmelte es hier nicht geradezu vor Nixen und Schlangenfrauen und war Lulu nicht die Schlangenfrau par excellence?

Im Prolog der Oper tritt ein Tierbändiger auf, der dem Publikum seine Menagerie vorführt. Da gibt es einen Tiger, der alles verschlingt, was ihm „in den Sprung" läuft, einen gefräßigen Bären, Affen, ein Kamel und so weiter. Zum Schluss lässt der Tierbändiger eine Schlange bringen, „das wahre Tier, das wilde, schöne Tier". Es ist Lulu – die „Urgestalt des Weibes". Von ihr wird gesagt:

Sie ward geschaffen, Unheil anzustiften, zu locken, zu verführen, zu vergiften – zu morden – ohne dass es einer spürt.[65]

Wie die Wasserfrauen des Wörthersees ist Lulu eine „unbeseelte Kreatur"[66]. Die Liebe zu ihr gestaltet sich ähnlich unheilvoll wie die zu einer Nixe. Man muss schon Tierbändiger sein, um sie zu überleben – und bekanntermaßen sind das die wenigsten von Lulus Liebhabern.

Kindfrau oder Femme fatale, Opfer oder Täterin? Die Ambivalenz ihrer Gestalt hat ein musikalisches Pendant in Alban Bergs Oper: Er ordnet ihr kein Hauptthema zu, dafür aber eine Reihe von Leitmotiven, die ihre unterschiedlichen Rollen musikalisch unterlegen: für ihre „süße Unschuld"; für die Schlange, die biblische Verführerin, „geschaffen, Unheil anzustiften"; für ihre Schönheit, die „Urgestalt des Weibes"; das Tödliche in ihrer Natur wiederum zeigen die „Erdgeist-Quarten", die auf dem Ton B aufbauen, der wiederum als der „Todeston ihrer Opfer" gesetzt wird.[67]

Alban Bergs *Lulu* ist unvollendet geblieben. Die Uraufführung fand 1937 postum am Opernhaus Zürich statt. Schwer krank konnte

Berg noch der Aufführung der *Symphonischen Stücke aus der Oper Lulu* im Dezember 1935 beiwohnen: fünf zu einer Suite zusammengestellte Stücke, die unter der musikalischen Leitung von Erich Kleiber im November 1934 uraufgeführt worden waren und 1935 an der Wiener Staatsoper gespielt wurden. Berg laborierte an einem Insektenstich, der sich entzündet und zu einem „Karbunkel" entwickelt hatte.[68] Nur wenige Tage nach der Wiener Aufführung verschlechterte sich sein Zustand so rapide, dass er ins Rudolfspital eingeliefert wurde, wo er in der Nacht vom 23. auf den 24. Dezember an einer Blutvergiftung starb.

Nur wenige Monate zuvor — im Juli 1935 — hatte er sein letztes Violinkonzert *Postludium in Excelsis – Dem Andenken eines Engels* vollendet, ein Musikstück voll tiefer Melancholie und Schmerz, das als Requiem für die so tragisch an Kinderlähmung verstorbene Manon Gropius gedacht war. Manon war die Tochter von Alma Mahler aus ihrer zweiten Ehe mit dem Architekten und Begründer des Bauhauses Walter Gropius. Sie war gerade einmal achtzehn Jahre alt geworden. „Es ist genug! Herr, wenn es Dir gefällt, so spanne mich doch aus! Nun gute Nacht, o Welt." Es sind die Worte von Johann Sebastian Bachs Sterbe-Choral aus der Kantate *O Ewigkeit, du Donnerwort*, die Alban Berg für den Schluss des Konzerts in Adagio verwendet.[69] Bei der Uraufführung des Violinkonzerts am 19. April 1936 in Barcelona war Alban Berg schon tot. Er hatte nicht nur Manons, sondern auch sein eigenes Requiem geschrieben.

Reifnitz und Leonstein

Zwei Burgen und
eine Schlangeninsel

DICHTUNG

Und in allen den Sagen von Geistern, Zwergen, Zauberern und ungeheuern Wundern ist ein stiller aber wahrhaftiger Grund vergraben ...

Jacob Grimm, Gedanken: wie sich die Sagen zur Poesie und Geschichte verhalten, 1808

Sagen von Nixen und Wassermännern gehören zur großen Gruppe sogenannter *dämonologischer Sagen*. Ihre Protagonistinnen und Protagonisten sind übernatürliche Wesen, denen ebensolche Kräfte nachgesagt werden, oder auch Menschen, die sich übernatürlicher Kräfte bedienen, wie etwa Hexen oder Zauberer. Im Vergleich decken sich *geschichtliche Sagen* stärker mit nachvollziehbarer Wirklichkeit: In ihrem Zentrum stehen historische Personen, Orte oder Ereignisse. Dennoch sind auch hier die Grenzen fließend, da auch die Erzähler der geschichtlichen Sage dazu tendieren, das tatsächlich Geschehene zu überhöhen und vor allem aus einer mythischen Weltsicht heraus zu interpretieren. In den Sagen, so Jacob Grimm, würden „Poesie und Geschichte eben in einem und demselben Fluß strömen".[70] Das mache sie nicht weniger wahr, da es, so Grimm, „der alten Ansicht des Volkes von der Wunderbarkeit der Natur gerade nur so erscheinen und mit dieser Zunge ausgesprochen werden kann".

Als die Welt noch voller Wunder war und der Mensch auch noch ein Auge für sie hatte, floss das Wundersame eben in seine Erzählungen mit ein. Dichtung und Wahrheit verbanden sich in den Geschichten, die er zu erzählen wusste, jedes Mal aufs Neue zu etwas so noch nie Dagewesenem. Und dennoch: „Die älteste Geschichte jedweden Volkes ist" — und bleibt, möchte man ergänzen — „die Volkssage",[71] und zwar auch dann, wenn sie anders als der historische Bericht bei der Dokumentation der Ereignisse nicht um nüchterne Objektivität bemüht ist. Das kommt mitunter auch daher, dass die Sage ihrer Form nach mehr vom Erzählinteresse her als von dem geschichtlichen Faktum selbst bestimmt ist.[72] Ihr Erzähler will fesseln. Er will die Aufmerksamkeit seiner Hörer nicht verlieren. Schließlich ist das Erzählen ein kommunikativer Akt, der beide Seiten fordert. Das mag auch ein Grund dafür sein, weshalb in der Sage das historische Ereignis als ausgeschmückt erscheint und ihr Erzähler sich die Freiheit nimmt, subjektiv und je nach Gutdünken zu gewichten und dabei durchaus Alltägliches zu Bedeutsamem zu erheben.

„Poesie und Geschichte", Sagen und Geschichtsschreibung, „strömen nicht nur in einem und demselben Fluß", wie Grimm sagt, sie entstammen mitunter auch ein und derselben Feder. Viele der ältesten uns erhaltenen Sagen sind ihrem Wesen nach eigentlich historische Berichte früher europäischer Geschichtsschreiber, wie etwa Paulus Diaconus (725–800) einer war, oder auch Gregor von Tours (538–594), dessen *Zehn Bücher Geschichten* zu den wichtigsten historischen Quellen für die Übergangszeit zwischen der Spätantike und dem frühen Mittelalter gehören. Sie wollen geschichtliche Ereignisse ihrer Zeit schildern und gleiten dabei ins Sagenhafte ab. Sage ist ursprünglich noch Geschichtsschreibung und Geschichtsschreibung Sage.[73] In der Sage von der *Schlange von Reifnitz* ist mit einer Jahreszahl benannt, in welcher Zeit sich die Begegnung zwischen Jäger, Schlange und Mönch zugetragen haben soll – zusammen mit der Ortsangabe erweckt die Erzählung den Eindruck einer historischen Genauigkeit.

✷ Die Schlange von Reifnitz ✷

Am Südufer des Wörthersees erhebt sich auf einem schroffen Felsen die St.-Margarethen-Kapelle, gar nicht weit von der einst so mächtigen Burg Reifnitz, von der heute nur noch Mauerreste übrig sind. Direkt unter der Kapelle befindet sich eine Höhle. Die Sage erzählt, dass sich hier Folgendes sich zugetragen haben soll:

Es war schon dämmrig an jenem Abend des Jahres 1302, als ein junger Jäger hier Rast machen wollte. Er legte sich in das weiche Gras ganz in der Nähe der Burg, die inmitten von dunklen Bäumen stand. Als er so dalag und die Müdigkeit auf seine Augenlider zu drücken begann, flog aus dem Dickicht vor ihm ein Häher auf, der eine Eichel im Schnabel trug. Jäger, der er war, dachte er daran, den Vogel zu erlegen. Als er jedoch seinen Bogen spannen wollte, bemächtigte sich seiner eine eigenartige Lähmung, und er gewahrte eine große Schlange, die ihre glühenden Augen unablässig auf ihn gerichtet hielt. Erschrocken riss er sein Jagdmesser aus der Scheide, um das Untier zu töten. Da richtete sich die Schlange auf und zischte: „Wage es ja nicht, mich anzugreifen." Entsetzen ergriff den Jäger und er verlor das Bewusstsein.

Als er wieder zu sich kam, dämmerte der Morgen herauf. Der Blick des Jägers fiel auf die Schlange, die unweit von ihm lag und zur Margarethen-Kapelle schaute. Aus der Kapelle trat in diesem Moment ein silberhaariger, bleicher Mönch, er ging auf die Schlange zu und sprach: „Heute sind es vierzig Jahre, seit du mich das letzte Mal gesehen hat. Hast du die Zeit zur Buße genützt, Jutta?" — „Ich bin mir meines schweren Frevels bewusst", antwortete die Schlange, „aber auch die Buße, der ich unterworfen bin, ist schwer. Wann werde ich endlich Gnade finden?" Tröstend sprach der Mönch: „Noch ist die Zeit der Sühne nicht verronnen, doch der Herrgott im Himmel hat dich nicht vergessen. Du hast den Häher auch gesehen, der gestern hier vorübergeflogen ist. Ich habe den Arm des Jägers gelähmt, sodass er den Vogel nicht treffen konnte. Sonst wäre

Die Burgruine Reifnitz

sie hier auf den felsigen Boden gefallen und verdorrt. So aber ist der Häher mit ihr über den See zum Wald geflogen und erst dort, wo der Boden fruchtbar ist, ist sie ihm entglitten. Dort wird aus ihr eine hohe Eiche werden und aus ihrem Holz wird eine Wiege gebaut werden, und in dieser Wiege wird – so hat es der Himmel bestimmt – ein Kindlein schlafen, das dich, wenn es herangewachsen ist, durch seine guten Werke von deinen Qualen befreien wird." Plötzlich blendete den Jäger eine glänzende Helle, der Mönch und die Schlange waren verschwunden. Der Jäger saß staunend da.

Achtzig Jahre später feierte der Burgherr Eckehard von Reifnitz mit einem Festmahl die Taufe seines Töchterchens Ludmilla. Man hob die Gläser mit Trinksprüchen auf das Wohl des Kindes, das in der kunstvoll geschnitzten Wiege lag. Eckehard erzählte seinen Gästen: „Die Eiche, aus der die Wiege gefertigt worden ist, stand jenseits des Sees bei der Burg Leonstein. Mehr als sechzig Jahresringe zählte sie, und sie ist erst vor Kurzem gefällt worden. Schaut euch einmal die Wiege genauer an: Im Geäder der Seitenwände und im Getäfel am Kopfende sind doch Schlangenringe, wie wenn sie ein Maler mit Absicht dort abgebildet hätte." Eckehard konnte die Maserung in der Wiege nur mit Grauen bemerken, zu seiner Festgesellschaft sagte er: Er denke dabei an jene Schlange, die in der Chronik seines Hauses eine Rolle spiele und angeblich nur einmal in jedem vierzigsten Jahr die kleine Höhle unter der Margarethen-Kapelle, ihren unterirdischen Verbannungsort, verlassen könne. Das war so gekommen:

Der Erbauer der Burg, Herr Cholo von Reifnitz, hatte neben einigen Söhnen auch eine Tochter namens Jutta. Sie war wunderschön, aber zugleich auch sehr stolz und fand ihren Spaß darin, anderen, ja selbst Armen und Kranken, Qualen zuzufügen. Einmal begegnete sie auf einem Ausritt einem alten Mönch des Viktringer Klosters neben der Margarethen-Kapelle. Er wollte gerade zum Gebet in das kleine Kirchlein. Da schlug Jutta mit ihrer Reitgerte auf ihn ein und überhäufte ihn mit Schimpfworten. Der fromme Alte ertrug geduldig und ohne ein Wort des Tadels diese Schmach, doch das reizte das übermütige Mädchen noch mehr. Ihre beiden Hunde hetzte Jutta auf den Mönch, die ihn zu Boden rissen und zerfleischten. Sterbend sah er das

Die Burgruine Leonstein

grausame Burgfräulein an und sprach den schauerlichen Fluch: „Der Leib der Schlange werde deine Wohnung, sonder Ruh sollst du weilen an der Stätte deiner Freveltat. So büßend sollst du der Erlösung harren, bis eine Frau deines Stammes kommt, die schuldlos im höchsten Unglück als guter Engel auf Erden wandelt." Wenige Wochen darauf starb Jutta an einer plötzlichen, schweren Krankheit; ohne Reue und Buße getan zu haben, ging sie dahin. Schon in der Nacht nach ihrem Begräbnis sah man unter dem Felsen, auf dem die Margarethen-Kapelle steht, eine Höhle, und davor lag eine riesige Schlange.

Die Taufgesellschaft lauschte dieser Erzählung, zu der das Schlangenmuster in der Wiege Eckehard von Reifnitz bewogen hatte. Währenddessen war seine Frau Brigitta neben der Wiege ihres Töchterleins Ludmilla eingeschlafen. In ihrem Traum sah sie in dem Zimmer plötzlich einen hellen Schein, und an der Wiege richtete sich eine große Schlange auf, die das schlafende Kind mit leuchtenden Augen betrachtete. Langsam begann sich die Haut des Tieres abzulösen, und aus der Schlange wurde eine Frau von wundersamer Schönheit, jedoch mit wachsbleichem Gesicht. Sie neigte sich zur Wiege nieder und streckte die Arme nach dem Kind aus. In Angst und Entsetzen erwachte die Burgfrau in diesem Moment. Der kleinen Ludmilla aber geschah nichts, sie wuchs friedlich zu einer frommen Jungfrau heran und wurde zur Gemahlin des Ritters von Leonstein.

* Die Frau von Leonstein *

Reifnitz gegenüber, auf der anderen Seeseite, kann man heute noch die traurigen Überreste der Burg Leonstein mit ihrem hohen Wartturm sehen, die auf einem waldigen Hügel nordwestlich von Pörtschach gelegen ist. Auf dieser Burg lebte Ludmilla von Reifnitz nach ihrer Hochzeit glücklich und zufrieden. Dann suchte sie jedoch ein schweres Unglück heim:

Sie wandelte gerade, vertieft in ein Gespräch mit einem schönen jungen Mann, im schattigen Schlossgarten, als ihr Gemahl heimkehrte. Er erkannte Ludmillas Begleiter nicht, angetrieben von rasender Eifersucht erstach er ihn mit seinem Schwert. Der junge Mann war jedoch niemand anderer als der geliebte Bruder Ludmillas, der nach vielen Jahren in der Fremde wieder in die Heimat zurückgekehrt war und seine Schwester besucht hatte. Die Schmerzensschreie Ludmillas verrieten dem Burgherrn, welch schrecklichen und sinnlosen Mord er so voreilig begangen hatte. Entsetzt starrte er auf den Toten, bevor er eilig die Burg verließ. Er blieb seit jenem Tag verschollen. Ludmilla aber lebte von da an still und zurückgezogen. Sie umgab sich nur noch mit Armen und Hilfsbedürftigen, um an ihnen Werke der Barmherzigkeit zu üben. Als sie starb, versammelten sich ihre Schutzbefohlenen unweit der Burg, und es erhob sich unter ihnen ein solches Weinen und Wehklagen, dass ihre Tränen die Wiese befeuchteten. Und auch wenn die Umgebung noch so dürr und vertrocknet sein mag, an dieser Stelle, die die Form eines Herzens hat und das man landläufig die Herztratte nennt, wächst stets frisches grünes Gras. Sie hält die Erinnerung an das edle Herz der Burgfrau von Leonstein lebendig.

Ihr Gemahl, so erzählt man sich, war nach der grausamen Tat nach Rom gepilgert, um dort seinen Seelenfrieden zu finden. Die Sehnsucht nach seiner Heimat hatte ihn aber bald schon wieder an den schönen Wörthersee zurückgeführt. Da er es jedoch nicht wagte, seine Burg zu besuchen und seiner unglücklichen Gemahlin unter die Augen zu treten, lebte er von nun an auf der Schlangeninsel, die vor Pörtschach im See liegt. Niemand erkannte ihn, Besuch bekam er keinen, und so lebte er jahrelang einsam, ganz seiner Buße hingegeben. Eines Tages hörte er die Glocken der Leonsteiner Kapelle läuten, und da wusste er, dass seine geliebte Frau gestorben war. Als die Dienerschaft am nächsten Morgen in die Kapelle kam, um vor ihrer toten Herrin Abschied zu nehmen, da kauerte der Einsiedler von der Schlangeninsel leblos vor ihrem Sarg. Seine blutleeren Lippen waren auf die Hände der Toten gepresst. Der Siegelring an seiner rechten Hand wies ihn als den rechtmäßigen Herrn von Leonstein aus. Da ihr Eheglück nur von kurzer Dauer gewesen und nicht mit Kindern gesegnet war, war er der Letzte seines Geschlechts. Gemeinsam mit seiner Gemahlin wurde er nun begraben. In demselben Moment, in dem das Wappen der Leonsteiner zerbrochen wurde, entlud sich ein heftiges Gewitter über dem ganzen See, ein Blitz schlug in den Felsen unter der Margarethen-Kapelle bei Reifnitz ein, löste einen mächtigen Steinblock ab, und dieser verschüttete die Schlangenhöhle. Ihre Bewohnerin ward seit jener Zeit nie mehr gesehen.

Bei den Protagonistinnen und Protagonisten der historischen Sagen handelt es sich zumeist um reale Personen oder zumindest doch um solche, von denen es sehr wahrscheinlich ist, dass sie irgendwann einmal so oder so ähnlich gelebt haben. Letzteres ist in unseren beiden Sagen in diesem Kapitel der Fall: Eine Frau von Leonstein hat es mit Sicherheit gegeben — ob sie jedoch tatsächlich Ludmilla geheißen hat und als Burgfräulein zu Reifnitz auf die Welt gekommen ist, lässt sich jedoch in der Chronik vom Wörthersee nicht mehr nachweisen.

Erzählt wird in den historischen Sagen durchwegs von besonderen, aus der breiten Masse herausragenden Personen, sei es nun aufgrund ihres Standes oder auch aufgrund eines besonderen Talents. Es sind Ritter, Burgfräulein und Schlossherrinnen, diverse Wissenschaftler oder Künstler — da vor allem Bauherren —, ferner aber auch zwielichtige Gestalten wie Rattenfänger und Straßenräuber. (Über Rattenfängerinnen und Straßenräuberinnen schweigt die Sage übrigens beharrlich ...) Sie sind nicht nur selbst außergewöhnlich, sondern finden sich auch in außergewöhnlichen Situationen wieder, Situationen, die eben als erzählenswert erscheinen und mitunter auch dazu dienen, den historischen Kern durch das Mittel der Überstilisierung in einem bestimmten Licht zu zeigen. So ist es etwa gang und gäbe, dass Biografien herausragender Persönlichkeiten in der Überlieferung gewissermaßen umgeschrieben und dabei zugleich auch mythisiert werden. Entzieht sich etwa die Art, wie jemand lebt, der allgemeinen Kenntnis oder fehlt ganz generell das Verständnis für den Beruf, dem sie oder er nachgeht, regt das die Fantasie an, und so kann es schon passieren, dass Naturwissenschaftler zu Alchemisten werden, denen man nachsagt, sie würden den Stein der Weisen besitzen oder – ärger noch – sie seien einen Pakt mit dem Teufel eingegangen. Prominent ist in dieser Hinsicht ein gewisser Johann Georg Faust (1480–1541), dessen abenteuerliches Leben bereits wenige Jahrzehnte nach seinem Tod die Wendung zur Sage genommen hat. Es gilt als die historische Vorlage des Faust-Stoffes und hat durch die Bearbeitung von Johann Wolfgang von Goethe Eingang in die Weltliteratur gefunden.

Welche Geschichte lässt sich nun von den Herren und Damen von Reifnitz, einer der mächtigsten Burgen rund um den Wörthersee, erzählen? Einst hat die Familie das gesamte Südufer und das Keutschacher Seental beherrscht. Allein das kann schon als herausragendes Merkmal verbucht werden, einflussreiche Familien hat es andererseits zu allen Zeiten gegeben und nicht alle haben sich als Stoff für Legendenbildung geeignet. Macht allein reicht offenbar nicht aus, um in das Konvolut der Volkssagen einzugehen. Anders sieht es da schon aus, wenn ein Fluch auf der besagten Familie liegt, etwa ein Fluch, der wie in unserem Fall nur durch eine Frau der Familie getilgt werden kann, die „schuldlos im höchsten Unglück als guter Engel auf Erden wandelt", wie die Sage erzählt. Gelingt das, ist das allemal eine Geschichte wert. Die Latte liegt allerdings hoch ...

Der Fluch selbst verdankt sich im Falle der Sage *Die Schlange von Reifnitz* der Grausamkeit der Tochter von Burggründer Cholo: Jutta lässt in stolzem Übermut einen Mönch aus dem Stift Viktring beim Gebet in der St.-Margarethen-Kapelle nahe der Burg von ihren beiden Hunden zerfleischen. Seit damals fristet sie im Körper einer Schlange ein ruheloses Dasein in einer Höhle unweit des Tatorts. Erlösung liegt in weiter Ferne – und vor allem nicht in ihrer Hand.

Die Schlangeninsel

Schuld und Sühne oder die Erfindung des Fegefeuers

Wenn Mönche ins Spiel kommen und von Schuld und Sühne die Rede ist, haben wir es mit einer Sage zu tun, die von christlichen Vorstellungen überformt worden ist. Jene Christianisierung des alten Sagenguts ist im Großen und Ganzen in zwei Phasen erfolgt. Im 8. Jahrhundert sind die „heidnischen" Glaubensvorstellungen zum ersten Mal neu interpretiert und an christliche angepasst worden,[74] und dann ein zweites Mal im 12. Jahrhundert, einer Zeit, die geprägt war von einer starken ideologischen und zugleich auch geografischen Expansionsbewegung des Christentums.[75] Klöster wurden erneuert, Orden wie die Zisterzienser gegründet, und Heere von Kreuzfahrern wurden in die Levante geschickt, um Muslime zwangszubekehren. Das theologische und philosophische Gedankengut der Scholastiker verbreitete sich zugleich wie ein Lauffeuer in Europa. An den Universitäten von Paris, Rom und Köln lehrten Albertus Magnus (1200–1280) und sein Lieblingsschüler, Thomas von Aquin (1225–1274), und auch wenn sie nicht immer einer Meinung waren, einte sie doch die *Scholastische Methode*, die als Weiterentwicklung der *Antiken Dialektik* so etwas wie eine Lehre vom richtigen und wissenschaftlich korrekten Diskutieren war. Gesprochen wurde über alles. Nichts blieb unhinterfragt. Und so rückte auch die Topografie des Jenseits in den Fokus der Aufmerksamkeit.

Bislang war man sich zwar einig darüber gewesen, dass schlechte Menschen in die Hölle kamen und gute in den Himmel, aber wie verhielt es sich mit all jenen, die nicht ganz schlecht, aber auch nicht ganz gut waren, mit all jenen, die noch der Sühne bedurften, bevor sie ins Paradies eingehen konnten? Schon der heilige Augustinus (354–430) hatte gepredigt, dass diese Seelen durch Feuer geläutert werden müssten.[76] Wo jedoch loderten diese Feuer? Das Fegefeuer war damals noch nicht erfunden. Es hatte noch keinen Ort zugewiesen bekommen in der Landschaft der Ewigkeit. Ausgestalten sollte diese bald schon der wohl herausragendste Dichter des Mittelalters, Dante Alighieri (1265–1321), auf seiner visionären Reise ins Jenseits, die er in der *Göttlichen Komödie* beschreibt. „O wie anders waren jene Gründe als die Hölle!", ruft der Dichter aus, als er das Purgatorium, sprich das Fegefeuer betritt, und: „Hier wird mit Gesängen der Gast empfangen, drunten mit Geheule!"77 Den theologischen Unterbau dazu hatte ihm kein Geringerer als der Aquinate in seiner Schrift *Summa contra gentiles* geliefert.

Die Jenseitsvorstellung, die nun um das Fegefeuer reicher war, färbte auch auf den Glauben der einfachen Bevölkerung ab. Sie war bald schon fest verankert in der Volksfrömmigkeit und prägte vor allem den volkstümlichen Totenglauben stark. Mit ihr einher ging der Glaube an die sogenannten „Armen Seelen", die entweder im Fegefeuer selbst auf Erlösung harren oder wahlweise auch auf der irdischen Welt Buße tun müssen, eine Vorstellung, die vor allem im Mittelalter, aber auch noch danach weit verbreitet war.78 Die Seelen sind dabei unterschiedlichsten Qualen ausgesetzt. Zumeist sind es auch innerweltlich Hitze und Feuer, die ihnen schwer zu schaffen machen. Feurige Kappen, die zu allem Übel noch so viel wiegen wie ein ganzer Turm, rangieren etwa ganz oben auf der Liste der gängigen Methoden der Bestrafung.

Jene „Armen Seelen", die wieder zurück in die Welt der Lebenden kommen, um hier auf Erlösung zu warten, bezeichnet man als „Wiedergänger". Diverse Kulturräume kennen diese Untoten, die in unterschiedlichsten Körpern in Erscheinung treten und unter den Lebenden Angst und Schrecken verbreiten. Zurecht, sind sie ihnen doch zumeist böse gesinnt. In der von christlichen Vorstellungen überformten Version handelt es sich bei Wiedergängern durchgängig um Frevler aller Art: Sogenannte Sonn- und Feiertagsfrevler, Hostienschänder, Meineidige, Zweifler und Mörder zählen zu ihnen. Sie steigen aus ihren Gräbern, springen nächtlichen Wanderern auf den Rücken und nehmen als „Aufhocker" unterschiedlichste Gestalt an. Der Mensch muss sie tragen, bis er erschöpft oder sogar tot unter ihnen zusammenbricht, wenn es ihm nicht gelingt, sie durch Gebet zu bannen oder sogar zu erlösen. Andere wiederum sind nicht so gefährlich, sondern erscheinen bloß als Bittsteller, die der Menschen bedürfen, um zur Erlösung zu kommen. Allen gemeinsam ist, dass ihre Seele auf Erlösung wartet, weil das Unrecht, das sie begangen haben, zu Lebzeiten nicht gesühnt werden konnte.

Auch unsere Sage von der *Schlange von Reifnitz* gehört zu jener großen Gruppe von Toten- und Frevelsagen, die einen starken religiösen Bezug aufweisen und die ohne die Lehre vom Jenseits so nicht denkbar wären. Jutta, die stolze Mörderin, erliegt nach ihrer Freveltat „einer schweren Krankheit; ohne Reue und Buße ging sie dahin". Es darf jedoch nichts ungesühnt bleiben, und was im Diesseits nicht erledigt wird, ist bestenfalls ins Jenseits aufgeschoben, niemals jedoch aufgehoben.

Dämonische Tiere und tierische Dämonen

Der Jägersmann aus unserer Sage trifft die Wiedergängerin in Gestalt der Schlange in einem Wald, dem Ort, an dem von jeher in der Mythologie des Abendlandes Diesseits und Jenseits auf beinahe beunruhigende Art ineinanderdringen. Hier stößt die helle Klarheit des Bewusstseins auf das Dunkle, Unbewusste, das Angst macht. Die Grenze zwischen Diesseits und Jenseits ist durchlässig im Wald. Nur in einem Wald kann die Jenseitswanderung Dantes ihren Ausgang nehmen: „Ich stand in unsres Erdendaseins Mitte / verirrt in einem dunklen Wald alleine", lauten die ersten beiden Verse der *Göttlichen Komödie*. Der Wald ist das Meer der Binnenländer, und wie das Meer gehört auch er zur Landschaft der Ewigkeit. Als solche spielt er nicht nur in Sagen, sondern auch in vielen Märchen eine eminente Rolle. Seit Menschengedenken ist er schön und schaurig zugleich.

Wo, wenn nicht dort, soll sich das Wundersame ereignen? Als der Jägersmann den Häher mit der so bedeutungsvollen Eichel im Schnabel erlegen will, bemächtigt sich seiner eine Lähmung. Er kann den Bogen nicht spannen und den Vogel nicht töten. Es liegt nicht in seiner Macht, den Lauf des Schicksals zu behindern. Sein Blick fällt auf die

Schlange. Zu seinem Entsetzen muss er feststellen, dass es sich bei ihr um keine gewöhnliche Schlange, sondern vielmehr um eine Art Dämon handelt …

Dämonisches Tier oder tierischer Dämon? Dämon und Tier treffen einander im Denken der Menschen als Bilder des noch nicht oder nicht mehr Menschlichen. Das Tier hat in seiner Andersartigkeit etwas Dämonisches an sich. Die übermenschliche Sinnesschärfe des Tiers und die Kraft seines Instinkts lassen es dem Bereich der übersinnlichen Welt als verwandt erscheinen. Das Tier hat für uns etwas Dämonisches an sich, der Dämon wiederum bedient sich der Tiergestalt, um mit dem Menschen in Verbindung zu treten. Das Befremdende, das der Welt des Menschen nahesteht, ihr jedoch nicht ganz zuzugehören scheint, ist dem Tier auch mit dem Toten gemeinsam. Das ist wohl der Grund, weshalb die Vorstellung von theriomorphen Wiedergängern — Wiedergängern in Tiergestalt — so weit verbreitet ist im Volksglauben. Jutta ist eine Wiedergängerin in Schlangengestalt. Sie kann nicht zulassen, dass der Jägersmann den Häher tötet. Der Häher trägt die Eichel im Schnabel, aus der der Baum wachsen soll, aus dessen Holz die Wiege ihrer Erlöserin geschnitzt werden wird. Der Häher überwindet im Flug den Raum zwischen den Burgen, trägt bei zur schicksalhaften Verbindung der beiden Familien.

Die beiden Sagen von der *Schlange von Reifnitz* und von der *Frau von Leonstein* gehören zusammen. Sie erzählen vom Aufstieg und Niedergang zweier mächtiger Familien am Wörthersee. Es ist ein Zeitraum von mehreren Generationen, den sie umspannen. Wie viele genau, lesen wir nicht. Ein Zeitraum von achtzig Jahren ist angegeben zwischen dem Ereignis mit dem Häher und der Geburt von Ludmilla. Der Frevel ist schon lange davor passiert, wann genau, ist dabei gar nicht so wichtig, denn das historische Gedächtnis ist kurz, und die Zeit vergeht anders in einer Gesellschaft ohne Schriftlichkeit und ohne Geschichtsschreibung. Die Vergangenheit liegt dann ebenso im Dunklen wie die Zukunft. Um die Beziehung zwischen Vergangenheit, Gegenwart und Zukunft als Einheit erlebbar zu machen, bietet sich das Genos an, die Familie. Da gibt es Ahnen, die der grauen Vorzeit angehören, Großeltern und Eltern, die ihre Wurzeln in der Vergangenheit haben und im

Jetzt ihre Wirksamkeit entfalten, und dann sind da die Kinder und Kindeskinder, die in die Zukunft hineinwachsen. Eine Familie besteht aus vielen Gliedern, die im Längsschnitt einen zeitlichen Ablauf als Einheit fassbar machen. Sie macht die Zeit erlebbar. Im mythischen Bewusstsein wird Zeit daher auch nie als abstrakt oder leer gedacht, wie das spätestens seit Newton der Fall ist. Es gibt keine von den lebenden Dingen losgelöste Zeit, sondern Zeit ist immer Zeit von etwas, Lebenszeit.

Am Anfang und am Ende der Generationen umfassenden Erzählung stehen zwei für die Familie schicksalhafte Frauen – eine Sünderin und eine Büßerin. Die eine tilgt die Schuld der anderen. Die zeitliche Klammer ist durch eine motivische verstärkt, das Motiv der Schlange. Jutta fristet ihr Dasein im Körper einer Schlange. Betrachtet man die Wiege, in der Ludmilla liegt, genauer, sieht man in der Maserung des Holzes Schlangenringe. Ludmillas Mutter erscheint im Traum eine große Schlange, die sich an der Wiege aufrichtet und das Kind betrachtet. Die Haut des Tieres löst sich ab, es verwandelt sich in eine bildschöne, aber wachsbleiche Frau, Jutta in ihrer ursprünglichen Gestalt.

Ludmillas unglücklicher Ehemann geht in die Chroniken vom Wörthersee als „der Büßer von der Schlangeninsel" ein – ein Faktum übrigens, das darauf schließen lässt, dass die Insel ihren Namen nicht ausschließlich ihrer Schlangenform, sondern vielmehr jener unglücklichen Familie verdankt –, und als er als „der Letzte derer von Leonstein" zusammen mit seiner Frau bestattet und das Wappen der Familie zerbrochen wird, schlägt ein Blitz in den Fels der St.-Magarethen-Kapelle ein, löst einen mächtigen Steinblock ab und verschüttet die Schlangenhöhle, deren Bewohnerin seit jener Zeit nicht mehr gesehen ward. Die Leonsteiner gibt es nicht mehr, ihre Burg ist heute nur noch eine Ruine wie jene derer zu Reifnitz. Wir wissen nun jedoch, dass sie endlich zur Ruhe gekommen und nicht mehr dazu verdammt sind, als Wiedergänger zurückzukehren. Der Wörthersee und seine Ufer sind sicher vor ihnen.

WAHRHEIT

Dem aufmerksamen Leser entgeht nicht, dass die Sagen um den Wörtersee in ihrer so besonderen Sprache vor allem auch von einer Sache erzählen: der Christianisierung Kärntens. Ihre unterste Schicht bilden oft noch alte heidnische Vorstellungen, die von den christlichen nicht unbedingt abgelöst werden, sondern in ihnen aufgehen. Alte Götter existierten lange noch neben dem neuen Gott, der von den Missionaren aus Bayern und Salzburg verkündet wurde, und so verwundert es auch nicht, dass sich neben Kirchen wie der Margarethen-Kapelle auch noch Opferstätten wie der Hexenstein befinden…

Die Margarethen-Kapelle und der Hexenstein — Heiden und Christen im Kärntner Unterland

Nur zu Fuß erreicht man die kleine Kirche St. Margarethen, die sich hoch über dem Wörthersee auf einem steilen Felsen erhebt. Der Aufstieg lohnt sich, schon wegen der wunderbaren Aussicht, die man von hier aus — man befindet sich etwa auf halber Höhe des Pyramidenkogels — auf den Wörthersee und das Keutschacher Seental hat. Als ihre Erbauer gelten Siegmund und Wolfgang von Keutschach, die Cousins des wohl prominentesten Vertreters der Familie, Leonhard von Keutschach (1442–1519), der vom Jahr 1495

Die Margarethen-Kapelle

bis zu seinem Tod Fürsterzbischof von Salzburg war und 1504 Kaiser Maximilian I. die Herrschaft Reifnitz abkaufte. Die Herren von Keutschach ließen die kleine Kirche inmitten der Mauerreste der damals schon alten Burgruine Reifnitz wieder aufbauen. Abt Polydoros von Viktring weihte sie im Jahr 1532 ein,[79] also rund zweihundert Jahre nach dem Datum, mit dem die alte Kapelle in der betreffenden Sage erwähnt wurde. Als Bauherr der neuen Kirche hat sich ein gewisser Meister Niklas verdient gemacht. Er soll sie aus den Steinen der einstigen Burgkapelle der mächtigen Wehranlage Reifnitz im spätgotischen Stil errichtet haben.

Besonders schön ist der Hochaltar aus Naturholz mit seiner Goldfassung aus dem Jahr 1639. Er zeigt die heilige Margareta in der Mitte, rechts von ihr den heiligen Sebastian und links den Apostel Matthias. Im Chor befindet sich eine spätgotische Schnitzfigur der Kirchenpatronin.[80] Zusammen mit Barbara von Nikomedien, Katharina von Alexandria und der heiligen Dorothea gehört Margareta zu den „quattuor virgines capitales", den vier wichtigsten Jungfrauen im Katalog der Heiligen. Für die Verbreitung ihres Martyriums haben maßgeblich die Zisterzienser gesorgt, in der Wörthersee-Region wohl besonders die aus dem benachbarten Stift Viktring. Die Leidensgeschichte der heiligen Margareta liest sich wie ein Horrortrip spätantiken Zuschnitts und kennt zu allem Übel auch noch eine quantitative Steigerung: Sie ist in zwei Versionen überliefert, von der keine besser ist als die andere. Müsste man sich für eine entscheiden, käme das einer Wahl zwischen Pest und Cholera gleich. Margareta ist die Tochter eines heidnischen Priesters in Antiochia, die sich von ihrer Amme zum Christentum bekehren lässt. Das geht nicht gut aus: In einer Version denunziert sie ihr eigener Vater beim Stadtpräfekten, der sie vor Gericht zerrt, mit eisernen Kämmen und Fackeln drangsaliert und schließlich enthaupten lässt, weil sich die Wunden, die ihr die Folterknechte zugefügt haben, immer wieder spontan verschließen, was immerhin Massentaufen in Antiochia zur Folge hat.

In einer zweiten Version flieht sie vor dem rasenden Vater ob ihres Glaubensbekenntnisses zu den Schafen ihrer Amme, und es verliebt sich der Stadtpräfekt in sie, als er sie beim Schafehüten beobachtet. Als sie ihn zurückweist – keine gute Idee in Zeiten vor *#metoo* –, lässt er sie in ein Gefängnis werfen, wo ihr ein riesiger Drache erscheint. Ob es der verwandelte Stadtpräfekt oder der Teufel selbst war, ist nicht mehr so genau zu eruieren. Für das Böse steht der Drache in jedem Fall. Margareta schlägt ein Kreuzzeichen, als der Drache sich auf sie stürzen möchte, was diesen von seinem Vorhaben abbringt und einen Niederschlag in der Ikonografie findet: Die Heilige ist wie der heilige Georg durchwegs mit einem Drachen zu ihren Füßen abgebildet, etwa auch am Margaretha-Tympanon über dem Portal der Pfarrkirche Lieding in der Kärntner Stadtgemeinde Straßburg im Gurktal.

In beiden Versionen der Märtyrerinnen-Erzählung wird Margareta enthauptet, und in beiden Versionen kämpfte sie im Gefängnis gegen den erschienenen Drachen. Auf metaphorischer Ebene steht der Sieg über den Drachen im Übrigen stets für den Sieg über das Heidentum. Auf dem Weg zu ihrer Hinrichtung betet Margareta für ihre Verfolger, was ihr schließlich einen prominenten Platz unter den vierzehn Nothelferinnen und -helfern einbringt. Sie gilt als die Schutzpatronin der Schwangeren und der Gebärenden, der Jungfrauen und der Ammen und ferner der Bauern, die an ihrem Ehrentag, dem 20. Juli, traditionell mit ihrer Ernte begonnen haben. Ganz nebenbei schützt sie auch vor „Unholden aus der Tiefe des Wassers", Schlangen etwa, die am Wörthersee gehäuft vorkommen, was sich seiner geschützten Lage verdanken dürfte. Der Wörthersee gehört mit seinen 26 Grad zu den wärmsten Alpenseen überhaupt, und das macht ihn für wärmeliebende Reptilien wie Schlangen – oder Lindwürmer – zum geeigneten Lebensraum.[81]

Unterhalb der Kirche befindet sich auch heute noch die Höhle, die Jutta, das stolze Burgfräulein von Reifnitz, in Gestalt der Schlange bewohnt haben soll. Betreten darf man sie heute nicht mehr – zum Schutz der Tiere, die dort leben, wie es heißt. Allerdings sollen es keine Schlangen mehr sein, sondern Fledermäuse und Spinnen. Ob es sich dabei auch um nicht erlöste Nachfahren der ehemaligen Burgherren handelt, darf man sich selbst ausdenken.

Schauplatz unserer Sage ist die alte Burgkapelle. In ihrer unmittelbaren Nähe im Wald unterhalb des Burgfelsens befindet sich heute noch der sogenannte „Opfer- oder Hexen-

Der Opferstein

stein". Der Quaderstein, der ganz offensichtlich von Menschenhand geformt worden ist und ein wenig versenkt im Waldboden liegt, hat eine schalenförmige Ausnehmung von rund 95 Zentimetern Durchmesser und 15 Zentimetern Tiefe und eine Abflussrinne an der Oberseite. Heute ist er von Moos überwachsen. Er stammt aus dem 8. oder spätestens 9. Jahrhundert, einer Zeit, in der sich das Christentum in Kärnten gerade durchzusetzen begann. Die zweite Welle der slawischen Missionierung war in vollem Gange, jedoch auch die alten Religionen wurden noch weitgehend praktiziert, und zwar unabhängig davon, ob das gerne gesehen wurde oder womöglich sogar unter Strafe stand. Allein die Lage des Steins mitten im Wald spricht Bände: Die heidnische Kultstätte dürfte eine Art Gegenstück zu den Kirchen in der Umgebung gewesen sein, zur Margarethen-Kapelle selbst und viel mehr noch zu Maria Wörth. Hier, an verborgener Stelle, hat man sich wohl zu inzwischen verbotenen heidnischen Kulthandlungen getroffen.[82]

Spiegelt sich in der respektlosen Art, mit der Jutta von Reifnitz dem Viktringer Mönch begegnet, der noch immer schwelende Konflikt zwischen Heiden und Christen wider? Liegt das Fünkchen Wahrheit, das die Sage enthält, vielleicht auch hier? Möglich ist es.

Burgen, Osmanen und Bauernaufstände

Kaum eine Region Österreichs ist so reich an Burgen wie die Wörthersee-Region. Als Wehr- und Wohnbauten erlebten die mächtigen Felsenburgen im Hochmittelalter (1000–1250) ihre Blütezeit. Für ihre Errichtung und Verteidigung waren jeweils die Territorialherren zuständig. In Kärnten waren das neben dem Fürsterzbischof von Salzburg insbesondere der Bischof von Bamberg und schließlich die Grafen von Görz-Tirol, von denen die Kärntner Landeshoheit 1335 nach dem Tod von Heinrich, Graf von Görz-Tirol, an die Habsburger überging — unerwarteterweise, denn man hatte mit seiner Tochter Margarete von Tirol-Görz (später als Margarete Maultasch bekannt) als seiner Nachfolgerin gerechnet. Kärnten wurde mit Österreich, der Steiermark und Krain vereinigt.

Die gewaltigen Burgen zeugten nicht nur vom Reichtum und vom Einfluss ihrer ritterlich-feudalen Herrschaft, sie waren die unumstrittenen Zentren der Macht. Bis zum Aufblühen der Städte im 13. Jahrhundert wurden hier — und in den Klöstern — sämtliche politischen Entscheidungen getroffen, zudem waren die Burgen Sitz der Rechtsprechung und Verwaltung.[83] Sie lagen strategisch günstig an wichtigen Verkehrswegen, zu deren Sicherung sie oft erbaut worden waren, etwa an Flussübergängen oder am Beginn von Passstraßen oder Tälern wie in unserem Fall. Die wenigen Mauerreste, die die Jahrhunderte überdauert haben, lassen uns heute noch erahnen, wie bedeutend die Burgen Reifnitz und Leonstein einst gewesen sein müssen. Kein Wunder also, dass sie reichlich Stoff für die Legendenbildung geliefert und Eingang in die lokalen Erzählungen gefunden haben.

Reifnitz gehörte zu den mächtigsten Burgen des Landes überhaupt. Als sogenannte Drillingsburg bestand sie aus drei voneinander getrennten Komplexen. Der Raum dazwischen diente wahrscheinlich als Sammel- und Übungsplatz für Truppen. Die Herren von Reifnitz beherrschten das gesamte Südufer des Wörthersees und das Keutschacher Seental. Der Sage nach ist ein gewisser Cholo von Reifnitz — Juttas Vater — der Erbauer der Burg. Seine Lebenszeit müsste demnach ins 8. oder 9. Jahrhundert fallen, in die Zeit der frühmittelalterlichen Christianisierung der heidnischen Alpenslawen, denn dorthin lassen sich die ersten Ansätze für den Bau einer wehrhaften Anlage an dieser Stelle zurückdatieren. Die Historiografie sagt jedoch etwas anderes: Sie kennt einen Cholo, der von 1183 bis 1227 gelebt und zu den Herren von Trixen gehört hat. Die Trixener waren Gefolgsleute — sogenannte Ministeriale — der steirischen Landesfürsten, und die wiederum waren wohl die ursprünglichen Erbauer der Burg. Womöglich ist es jener Cholo, von dem die Sage spricht. In seine Lebenszeit fällt auch die erste urkundliche Erwähnung der Burg im Jahr 1195.[84] 1242 fiel Reifnitz an den Babenberger Herzog Friedrich II. von Österreich und Steiermark, der wohl nicht ganz zu Unrecht den Beinamen „der Streitbare" trägt. Er verlieh den Burgbesitz an seinen Kämmerer Heinrich III. von Trixen (1217–1253). Nach dem Aussterben der männlichen Linie der Trixener wurde die Burg Reifnitz an die Grafen von Görz-Tirol übergeben. Sie machten schließlich die Herren von Keutschach zu den Burggrafen von Reifnitz, die lange Zeit für ihr Geschick verantwortlich zeichneten. Ihrem prominentesten Vertreter, dem Salzburger Fürsterzbischof Leonhard von Keutschach (1442–1519), gelang es schließlich 1506, die Herrschaft Reifnitz dem notorisch hochverschuldeten Habsburger Kaiser Maximilian I. abzukaufen. Bis dahin war der Burgbesitz zwar bei den jeweiligen Burgherren gewesen, die Burg jedoch nicht deren Eigentum. Da Leonhard von Keutschach selbst anderwärtig beschäftigt war, unter anderem mit dem Ausbau der Festung Hohensalzburg um das Jahr 1500 – die Räume, die er einrichten und ausschmücken ließ, gehörten damals zu den aufwändigsten nordalpinen Profanräumen seiner Zeit –, übergab er die Kärntner Burg seinen Vettern Siegmund und Wolfgang von Keutschach, die die Margarethen-Kapelle wiederaufbauen ließen.

Dass die ursprüngliche Burgkapelle – Schauplatz der Sage von der *Schlange von Reifnitz* – damals in Trümmern lag und auch die Burg selbst längst nicht mehr in ihrem ursprünglichen Glanz erstrahlte, zeugt von dem wechselhaften Geschick der Wehranlage und ihrer Besitzer im Laufe der Jahrhunderte. Schwer in Mitleidenschaft gezogen wurde die Burg etwa durch das verheerende Erdbeben am 25. Jänner des Jahres 1348, dessen Epizentrum in Friaul lag und das einen Wert von 8 bis 9 oder womöglich sogar 10 auf der zwölfteiligen EMS-98-Skala erreichte. Das Beben verursachte unter anderem einen gewaltigen Bergsturz am Dobratsch. Die herabstürzenden Felsen stauten die Gail zwischen Arnoldstein (oben) und Villach auf, was wiederum zu großflächigen Überschwemmungen führte. Die Flutwelle erfasste und zerstörte ganze Dörfer. Durch die Erderschütterung selbst stürzten zahlreiche Kirchen und Burgen ganz oder zum Teil ein und wurden oft nicht mehr wiederaufgebaut, zumindest nicht sofort, denn nur wenige Wochen später erreichte eine von Italien ausgehende Pestepidemie Kärnten, die sich dann über ganz Mitteleuropa ausbreitete und zahlreiche Todesopfer forderte. Man hatte gerade anderes im Sinn, als baufällige Burgen zu renovieren.

Es waren zwei geschichtsträchtige Ereignisse gut 100 beziehungsweise 170 Jahre später, die einen erneuten Aus- und Umbau der Befestigungsanlagen in Kärnten notwendig machten: der Fall von Byzanz im Jahr 1453 und die Schlacht bei Mohács im Jahr 1526. Nach der Erstürmung von Byzanz – dem oströmischen Reich mit dem Zentrum Konstantinopel – drangen die Soldaten des siegreichen osmanischen Reichs über den Balkan nach Westen vor und hielten ganze Landstriche mit Plünderungen, Brandschatzungen und Massakern in Atem. 1469 standen sie zum ersten Mal auch an den Grenzen Kärntens. Die Bevölkerung entsann sich der Burgen und befestigte diese fieberhaft. Im Jahr 1473 war es dann so weit: Die Osmanen fielen in Mittelkärnten ein und zogen plündernd und brandschatzend durch das Glantal.

Da man militärisch wenig entgegenzusetzen hatte, verschanzten sich – edle? – Ritter, Geistliche und Adelige in ihren neu befestigten Burgen und überließen die übrige Bevölkerung ihrem grausamen Schicksal. 1476 brachen die Osmanen erneut in Kärnten ein, und zwar von zwei Seiten: In Scharen drangen sie zum einen durch das Savetal über Weißenfels ein, zum anderen über Feldkirchen ins Gurktal. Am Wörthersee bei Klagenfurt vereinigten sie sich. Von Völkermarkt bis Viktring gingen Häuser und Höfe in Flammen auf, ihre Bewohnerinnen und Bewohner wurden massakriert. Da man noch immer gänzlich machtlos gegenüber der militärischen Übermacht der Osmanen war, wurde im Jahr 1478 eine „Türkensteuer" beschlossen und von der ohnehin schon stark in Mitleidenschaft gezogenen Bevölkerung eingehoben. Damit sollte die Verteidigung des Landes besser organisiert und ein Söldnerheer finanziert werden. Die Bauern kamen der Forderung jedoch nicht nach, sondern schlossen sich unter der Führung von Peter Wunderlich († 1478) zum Kärntner Bauernbund zusammen. Sie wollten nicht tatenlos zusehen, sondern ihre Verteidigung selbst in die Hand nehmen, da sie von ihren feudalen Herren ohnehin wenig Unterstützung zu erwarten hatten. Die saßen noch immer auf ihren schwer einnehmbaren Burgen. Dreitausend Mann wurden mobilisiert, die noch im selben Jahr bei einem erneuten Einfall der Türken ihre Schlagkraft unter Be-

Das Stift Viktring

weis stellen sollten. Als jedoch die feindlichen Reiter auf ihren Pferden herangaloppierten, flüchteten die meisten der Verteidiger. Allein sechshundert stellten sich der osmanischen Übermacht. Sie wurden völlig aufgerieben, erschlagen oder gefangen genommen.

Noch zweimal sollten sich Türkeneinfälle bis zum Jahr 1483 wiederholen. Als die Osmanen dann vierzig Jahre später in der Schlacht bei Mohács (29. August 1526) das Heer von Ludwig II. (1506–1526), König von Ungarn, Böhmen und Kroatien, vernichtend schlugen – der damals nur zwanzigjährige Ludwig und sein Hauptkommandant, der ungarische Offizier und Erzbischof von Kalocsa, Pál Tomori (1475–1526), kamen dabei ums Leben – und daraufhin große Teile Ungarns und Kroatiens eroberten, lag Kärnten gleichsam in Reichweite des Osmanischen Reichs. Die Grenze war in beunruhigende Nähe gerückt, und mit der Nähe ging selbstredend eine quasi chronisch gewordene Bedrohung vonseiten der Türken einher. Davon zeugen die Überreste zahlreicher Kärntner Burgen wie Reifnitz, die damals massiv ausgebaut und im Zuge der kriegerischen Handlungen oft zerstört oder zumindest stark in Mitleidenschaft gezogen wurden.

Es gibt etliche Sagen, die von den Einfällen der Türken berichten. Sie entwerfen durchgängig ein heroischeres Bild von den Kärntnerinnen und Kärntnern und davon, wie sie sich mutig zur Wehr gesetzt haben – von Flüchtenden ist kaum die Rede. Eine besonders unheimliche Sage mit dem Titel *Die Mönche von Viktring* erzählt davon, dass Horden von Türken sämtlichen im Stift Viktring lebenden Mönchen die Köpfe abgeschlagen hätten – allen bis auf einen. Dieser habe dann Gott inständig darum gebeten, die Toten wieder zum Leben zu erwecken, da er zusammen mit ihnen die heilige Vesper – es war gerade der Abend vor Mariä Himmelfahrt – singen wolle. Das Gebet wurde erhört, die Vesper gesungen. Im Anschluss daran sei jedoch wieder alles Leben aus den Mönchen gewichen. Dieses Mal für immer.

Als die Gefahr, die von den Osmanen ausging, endlich gebannt war, wurden Burgen wie die einst so mächtige Wehranlage Reifnitz bald aufgegeben und dem Verfall überlassen. Ihre exponierten Lagen auf Anhöhen passten nun nicht mehr zu dem neuen Lebensstil. Das feudale Leben spielte sich nun in den überall erblühenden Städten ab. Und auch die romanisch-gotische Bauweise der Burgen entsprach nicht mehr den Anforderungen ihrer Bewohnerinnen und Bewohner. Der letzte Schrei war nun der Stil der Renaissance, der sich, von Italien ausgehend, jetzt auch in weiter nördlichen Gegenden über den Alpen durchzusetzen begann. Konnte man seine Burg nicht dahingehend umgestalten und modernisieren, verließ man sie und bezog eins von den neuen Schlössern im Tal, die man hatte errichten lassen.

Das Schloss Leonstain ist so ein Fall. Das langgestreckte Gebäude an der Pörtschacher Hauptstraße 228 datiert aus der Mitte des 16. Jahrhunderts. Wahrscheinlich handelt es sich dabei um den ehemaligen Wirtschaftshof der – beinahe – gleichnamigen Burg Leonstein auf der Anhöhe darüber, der zu einem neuen Herrenhaus im Stil der Renaissance umgebaut wurde.[85] Die unterschiedliche Schreibweise Leonstein vs. Leonstain verdankt sich wohl der damals oft verschnörkelten Darstellungsweise von Eigennamen.

Schauplatz unserer Sage *Die Frau von Leonstein* ist jedoch die Burg Leonstein und nicht das Schloss. Urkundliche Erwähnung findet diese das erste Mal im Jahr 1166. Ihren Namen verdankt sie ihrem Erbauer, einem gewissen Dietrich von Projern: In seinem Wappen führte dieser einen über einen Gipfelgrat (Stein) schreitenden Löwen (Leon). Dietrich war der Neffe eines Mannes, dessen Berühmtheit weit über die Grenzen Kärntens hinausging: des Bischofs Roman I. von Gurk (1100–1167). Roman war der Erzieher der beiden Kärntner Herzöge Ulrich und Heinrich von Spanheim und eng befreundet mit Friedrich I. Barbarossa (1122–1190), Kaiser des römisch-deutschen Reiches in den Jahren von 1152 bis 1190. Er gilt als der Erbauer des Schlosses Straßburg, das zum Sitz der Bischöfe von Gurk wurde, und des Doms zu Gurk, der zu den bedeutendsten romanischen Bauwerken Europas überhaupt gehört, schon weil es seit seiner Fertigstellung nur geringfügige bauliche Veränderungen gegeben hat.

Dietrich wollte es seinem Onkel wohl gleichtun, als er auf dem Felsenplateau westlich von Pörtschach die Burg Leonstein errichten ließ. Im späten 13. Jahrhundert konnte das Geschlecht auch die Herrschaftsrechte über die Seeburg erlangen, die sich unmittelbar vor Leonstein auf einem Felsen erhob und zusammen mit ihr eine Art Zwillingsan-

Das Schloss Leonstain

Der Innenhof von
Schloss Leonstain

Das Schloss Leonstain

lage gebildet haben soll. Heute sind nur noch Mauerreste vorhanden.

Mit Leonstein war ein umfangreiches Landgericht nördlich und südlich des Wörthersees verbunden.[86] Die Landgerichte waren im 13. Jahrhundert aus den mittelalterlichen Grafschaftsgerichten hervorgegangen und besaßen umfassende zivil- und strafrechtliche Kompetenzen für sämtliche Einwohnerinnen und Einwohner ihres Einflussgebiets. Zu den Einkünften des Leonsteiner Landgerichts zählte etwa auch eine sogenannte Hafenmaut. Der Ausdruck „Hafen" leitet sich in diesem Fall nicht, wie man glauben könnte, vom „Schiffshafen" ab, hat also mit der Schifffahrt nichts zu tun, sondern vielmehr von dem süddeutschen Ausdruck für Topf: „Häfen". Das Gewerbe der Schwarzhafnerei war weit verbreitet in Kärnten. Seine Erzeugnisse, das Schwarzgeschirr, waren in der traditionellen Hauswirtschaft geradezu unentbehrlich. Den Ton, der dazu gebraucht wurde, baute man im Lavanttal ab.[87] Diverse Einkünfte wie etwa die aus der Hafenmaut machten die Leonsteiner zu einer der einflussreichsten Familien in der Gegend. Sie bewerkstelligten rund hundert Jahre nach der Errichtung (1250) auch den Ausbau der Burg nach Westen hin. Damals entstand ein zweiter Burghof mit einer Kapelle unter der Patronanz der heiligen Maria Magdalena — Sünderin und Heilige in einer Person. Die ursprüngliche Burg hatte lediglich aus einem Bergfried, sprich dem Wohnturm, bestanden, der von einer bis zu zwölf Meter hohen Mauer umgeben gewesen war.[88]

Die mächtigen Leonsteiner auf ihrer Burg hatten wie kaum eine andere Familie damals das Schicksal der Bewohnerinnen und Bewohner der Wörthersee-Region mitbestimmt. Kein Wunder also, dass sie Eingang in die lokalen Sagen fanden. Erzählt wird in diesen vor allem von ihrem Untergang: vom Letzten der Leonsteiner, der sein Leben büßend auf der Schlangeninsel verbracht haben soll — von niemandem erkannt und aufgesucht —, von seiner Frau, die schuldlos im höchsten Unglück als guter Engel auf Erden gewandelt ist und Barmherzigkeit geübt hat, und davon, dass das Wappen der Familie gebrochen wurde als Zeichen dafür, dass es keine männlichen Nachkommen mehr gab.

Die Burg war insgesamt rund zweihundert Jahre im Besitz der Leonsteiner gewesen. Im Spätmittelalter wechselten ihre Besitzer dann häufig, bereits im Jahr 1688 bezeichnet sie der Universalgelehrte, Topograf und Historiker Johann Weichard Valvasor (1641—1693) als „altes, ödes Gemäuer". Als das gleichnamige Schloss darunter fertiggestellt war (1550), gab es das Geschlecht der Leonsteiner längst nicht mehr in Kärnten. Damals, als sie die Burg noch bewohnt hatten, mussten sie Richtung Süden einen hervorragenden Blick auf Reifnitz gehabt haben, mit deren Burggrafen sie, glaubt man den Sagen, so schicksalhaft verbunden waren.

Pörtschach, Brahms und die „österreichische Riviera"

Schlägt man im Wörterbuch der Gebrüder Grimm unter dem Schlagwort „Sommerfrische" nach, findet man folgenden Eintrag: „erholungsaufenthalt der städter auf dem lande zur sommerzeit", und ferner: „eine wohnung auf dem lande, die man im sommer bezieht". Spätestens Mitte des 19. Jahrhunderts war es in Mode gekommen, die heißen Städte während der Sommermonate zu verlassen und sich aufs weitaus kühlere Land zu begeben. Die Angehörigen des Kaiserhauses und des Hochadels hatten es vorgelebt, die Bürgerlichen zogen nun nach, wenn es ihre finanziellen Möglichkeiten erlaubten, mitten unter ihnen auch die jüdische High Society aus den Wiener Ringstraßen-Palais. Jahr für Jahr verfrachteten die Familien oft schon im Frühsommer ihren Haushalt aufs Land und während Frauen und Kinder samt Dienstpersonal bis in den September hinein blieben, pendelten die Familienoberhäupter zumeist nur an den Wochenenden ins Grüne.

Mit dem Ausbau der k. u. k. Südbahnstrecke nach Triest war nun auch die bis dato etwas entlegene Region um den Wörthersee in erreichbare Distanz gerückt. Vieles sprach für einen Aufenthalt dort. Das milde Klima mit den vielen Sonnentagen, die beinahe subtropischen Sommer, der meist sonnige Herbst, die atemberaubend schöne Landschaft mit ihren hohen, schneebedeckten Bergen im Hintergrund und dem herrlichen See, all das waren Ingredienzien für den Zauber, der die Menschen nun scharenweise anlockte. Luxuriöse Hotels wurden in den besten Lagen errichtet, oder man funktionierte bestehende Gebäude zu Hotels um, wie etwa das von Bartholomäus Khevenhüller zwischen 1530 und 1603 errichtete Schloss Velden, das als *Schloss am Wörthersee* in der gleichnamigen, von RTL produzierten Fernsehserie mit Roy Black und später Uschi Glas in der Hauptrolle Weltruhm erlangte. Die Serie wurde unter dem Titel *Lakeside Hotel* in über vierzig Ländern ausgestrahlt. An den Hängen über dem Wörthersee entstanden herrliche Seevillen, die man sich — oft nach italienischem Vorbild — erbauen ließ. Für die Wahl der Lage gab nicht unbedingt die Nähe zum See den Ausschlag, sondern vielmehr der herrliche Ausblick, den man von etwas weiter oben genießen konnte.

Der Aufschwung vollzog sich sukzessive. Es dauerte, bis sich etwa Pörtschach zu dem mondänen Badeort entwickelte, als der er dann in aller Munde war. Erst im Jahr 1848 wurde „das große Dorf an der Straße"[89] zu einer eigenständigen Gemeinde erhoben, noch rechtzeitig bevor dann die Wörtherseeschifffahrt im Jahr 1853 eröffnet wurde, die der gesamten Region um den See nach und nach zu einem touristischen Aufschwung ungeahnten Ausmaßes verhelfen sollte. Am 1. Februar 1871 bekam Pörtschach ein eigenes Postamt, 1877 eine eigene Feuerwehr, 1883 einen Gendarmerieposten, und 1887 wurde der Verschönerungsverein zur Erhaltung historischer Bauten, die oftmals dem Verfall überlassen waren, gegründet.[90] Damals bestand Pörtschach aus exakt 75 Häusern, es hatte 830 Einwohnerinnen und Einwohner, neun Gasthäuser, zwei Kaffeehäuser, vier öffentliche Seebäder, drei Kaufleute, zwei Fleischhauer, zwei Bäcker, drei Schuster, drei Schneider, einen Friseur, einen Anstreicher, drei Gärtner, zwei Maurer, zwei Holzhändler, zwei Tischler, einen Zimmermeister, zwei Müller, einen Hufschmied, einen Schlosser, drei Fiaker — und einen Buchhändler. Es verzeichnete damals zweitausend Übernachtungen in den Sommermonaten.[91] Schon damals nächtigte man, verfügte man über das nötige Kleingeld, im Establissement Werzer, das seine Gründung im Jahr 1877 Georg Semmelrock verdankt, dem ersten Kommandanten der brandneuen Feuerwehr im Ort. Auf der Webseite des heutigen Werzers Seehotel Wallerwirt ist ein Prospekt aus den Anfangszeiten abgedruckt. Hier ist zu lesen:

Etablissement Werzer, Pörtschach —
Das erste und älteste Etablissement im Kurorte ist das renommierte Etablissement Werzer. Aus drei großen Hotels an der Reichsstraße im Zentrum des Ortes, sechs hübschen, reizend gelegenen Villen, einem eleganten Café unmittelbar am See, der ersten und schönsten Badeanstalt bestehend, verfügt es über 150 Logis mit Veranden und Balkons herrlichster

Das Schloss Velden

Aussicht über den See und die Gebirge und ist in jeder Weise komfortabel, ganz der Neuzeit entsprechend eingerichtet und ausgestattet.

Das dazugehörige Casino war über fast ein Jahrhundert das unangefochtene Zentrum des Pörtschacher Nachtlebens. Der Fünf-Uhr-Tee dort war legendär. Nach dem zweiten Weltkrieg spielte im Casino unter anderem der österreichische Jazzmusiker Johannes Fehring (1926–2004) mit seiner All Star Big Band auf, der etwa Willy Hagara, Erich Kleinschuster und Joe Zawinul angehörten und die regelmäßig mit Größen wie Peter Alexander, Ella Fitzgerald, Udo Jürgens und Caterina Valente auf Tournee ging. Als Frau Werzer Ende der 1970er Jahre verstarb, stellte sich heraus, dass das Etablissement Werzer aufgrund des aufwändigen Betriebs des Strandcasinos verschuldet war, unter anderem bestimmt wegen der teuren hochkarätigen Bands.

 Die Badeanstalt – Werzers Badehaus – wurde 1895 nach den Plänen des tschechischen Architekten Josef Victor Fuchs fertiggestellt, der noch für etliche andere Villen in der Gegend verantwortlich zeichnete. Fuchs war ein renommierter Vertreter der sogenannten Wörtherseearchitektur, ein Mix aus Jugendstil, Regionalromantik und englischem Landhausstil, der für die Gegend so typisch ist. Das Bad, ein Relikt der beginnenden Freizeit- und Badekultur, steht auf 350 Lärchenholz-Pfählen. Ursprünglich war es als Schwimmschule für Erwachsene geplant, mit einem Schwimmbecken für Männer und einem für Frauen. Ordnung muss sein. Die besten Schwimmlehrer des Landes waren hier angestellt. Das Konzept der sanften Schwimmpädagogik hatte sich allerdings noch nicht bis Kärnten durchgesprochen: Die Lernenden bekamen einen Strick um den Bauch gebunden und wurden vom Beckenrand ins Wasser gestoßen. Für alle die, die danach nervlich etwas angegriffen waren, gab es in der dem Bad angeschlossenen Heilanstalt „alle Arten von Kaltwasser- und Badekuren, pneumatische und Massage-Behandlungen" sowie sämtliche „moderne Errungenschaften für Nerven- und Stoffwechselerkrankungen wie ein Röntgenlaboratorium, Hochfrequenzströme, Lichtbäder, Finsenlichtbehandlungen und Ozoninhalationen". Über Wellness anno dazumal kann man etwa in der dritten Auflage von *Geuters*

Führer, Klagenfurt Wörthersee aus dem Jahr 1904 nachlesen.

Dass die Badekultur gerade am Wörthersee eine lange Tradition hat, belegt übrigens ein Brief des Abtes Georg II. Reinprecht von Viktring (1608–1643), aus dem hervorgeht, dass schon die Jesuiten, die das Schloss Leonstain bis zu ihrem Verbot durch Kaiser Joseph II. im Jahr 1773 in ihrem Besitz hatten, Badehütten in Pörtschach besaßen und eine „Gesellschaft von adeligen Herren und Prälaten" dort das Seebad nutzten.[92]

Im Jahr 1895 gab es 120 Kabinen in Werzers Badehaus. Daraus lässt sich die damals schon nicht unbedeutende Urlauberfrequenz erahnen. Für Einheimische war die Anstalt nämlich nicht zugänglich.[93] Werzers Badehaus ist heute ein kulturelles Denkmal über die Grenzen Kärntens hinaus, das seit dem Jahr 1987 auch unter Denkmalschutz steht.

Als Johannes Brahms (1833–1897) seine Sommer von 1877 bis 1879 in Pörtschach verbrachte, gab es hier neben ein paar Bauernhöfen, die sich um die kleine Kirche scharten, und zwei einfachen Gasthäusern nur ein einziges repräsentables Haus: das Schloss Leonstain.

Die Bahnstation trug, um Verwechslungen mit ähnlich bedeutenden Ortschaften wie Pöltschach und Pottschach vorzubeugen, die Bezeichnung Maria Wörth, das sich auf der gegenüberliegenden Seeseite befand. „Pörtschach am See heißt unser Ort, die Eisenbahnstation heißt Maria Wörth", schreibt Johannes Brahms an seinen Freund, den Wiener Chirurgen Theodor Billroth, am 29. Juni 1877. Dass das gelegentlich zu komischen Situationen auf dem Wiener Bahnhof führte, liegt auf der Hand: „Eine Karte nach Pörtschach, bitte." „Ach, Sie meinen Maria Wörth." „Nein, Pörtschach." „Gibt es nicht …" Zu Zeiten Brahms' war Pörtschach jedenfalls noch ein kleines unbekanntes Fischerdorf und noch lange nicht der mondäne Badeort, zu dem es nach und nach werden sollte.

Der Hamburger Komponist war eigentlich nur auf der Durchreise gewesen. Er war nicht gekommen, um zu bleiben in jenem Sommer des Jahres 1877, wie einem seiner zahlreichen Briefe an Clara Schumann zu entnehmen ist, zu der er zeit seines Lebens in einem mehr als freundschaftlichen Verhältnis stand: „Erzählen will ich, daß ich in diesem Fischerdörfchen Pörtschach ausstieg, mit der Ab-

Werzers Badehaus

Die Eisenbahnstation Maria Wörth

sicht, den nächsten Tag nach Wien zu fahren. Doch der erste Tag war so schön, daß ich den zweiten durchaus bleiben wollte, der zweite aber so schön, daß ich fürs Erste weiter bleibe."⁹⁴ Es sollten insgesamt drei Sommer werden, die Brahms am Wörthersee verbrachte. Die 2. Symphonie, die auch die *Pörtschacher Symphonie* genannt wird, ist etwa in dieser Zeit entstanden, und auch das Violinkonzert op. 77, denn: „... der Wörther See ist ein jungfräulicher Boden, da fliegen die Melodien, daß man sich hüten muß, keine zu treten." So Brahms über das Inspirierende der Region.⁹⁵

Aufmerksam gemacht auf die Gegend hatte ihn das Ehepaar Karl und Bertha Kupelwieser. Sie hatten erst unlängst ihre nigelnagelneue Villa am Wörthersee bezogen. Kunst und Kultur wurden im Haus Kupelwieser von jeher hochgehalten. Karl Kupelwieser war Jurist, Forstwirt und Großindustrieller sowie der Sohn des Biedermeiermalers Leopold Kupelwieser (1796–1862), der unter anderem den österreichischen Kaiser Franz I. porträtiert hatte und eng mit Schubert und Grillparzer befreundet gewesen war. Bertha war eine geborene Wittgenstein. Sie entstammte jener Familie von Stahlbaronen, aus der in nächster

Generation auch der Philosoph Ludwig Wittgenstein hervorgehen sollte. Er war Berthas Neffe.

Brahms war jedoch nicht direkt bei den Kupelwiesers abgestiegen, sondern im ersten Haus am Platz, dem Schloss Leonstain. Hier hatte er die kleine Hausmeisterwohnung bezogen. Bei der Wiener Industriellenfamilie war Brahms stets ein gerngesehener Gast. Überhaupt kümmerte sich Bertha Kupelwieser rührend um den Komponisten und lieh ihm sogar ihren Stutzflügel, da Brahms' eigenes Klavier zu groß für das Sommerquartier war.

Im Schloss war Brahms ebenfalls oft zum Abendessen und zu Stammtischen geladen, mehr, als ihm lieb war. Er bevorzugte die Ruhe zum Arbeiten und mietete sich in den nächsten beiden Sommern im sogenannten Krainer-Häuschen ein, das näher am See lag. Dort bezog er den ganzen ersten Stock und konnte von nun an ungestört komponieren. Angeblich hatte es im Schloss auch zu viele Schlangen gegeben ... Nachfahren der Leonsteiner? Seit dem Jahr 1950 wird das Schloss Leonstain als Hotel geführt und in seinem parkähnlichen Garten erinnert noch immer eine Brahms-Büste, die Bertha Kupelwieser aus Carrara-Marmor geformt hat, an den Aufenthalt des Komponisten.

Zwei Jahrzehnte nach Brahms' Besuchen war die „österreichische Riviera" am Wörthersee dann in aller Munde. Sie wurde zu einem Sehnsuchtsort, zu einer von den Sorgen des Alltags unbeschwerten Gegenwelt. Sommer für Sommer traf man sich hier zum Schwimmen und Segeln, zu Landpartien, Bridgeabenden und den vielfältigen kulturellen Veranstaltungen, die in großer Zahl angeboten wurden. Es nimmt nicht wunder, dass sich die Region um den Wörthersee ganz nebenbei immer mehr auch zu einer Art inoffiziellem Heiratsmarkt entwickelte. Die Zahl der Ehen, die in der launigen Atmosphäre der Sommerfrische arrangiert und auch geschlossen wurden, ist beachtlich, die Dunkelziffer wahrscheinlich noch viel höher.

Alles, was Rang und Namen hatte, gab sich hier, weitab des großstädtischen Alltags, ein Stelldichein. Dasselbe Publikum, das sich das Jahr über in den Wiener Salons und Cafés traf, kam nun auch hier zusammen. Das Wien um 1900, jener „Experimentierraum des Geistes"[96], fand in den Sommermonaten am Wörthersee eine würdige Expositur: Intelligenz traf auf Schönheit, Industrielle auf Wissenschaftler, Kunstschaffende auf potenzielle Mäzene. Es waren durchwegs symbiotische Verbindungen, die hier eingegangen wurden, wie etwa die von Johannes Brahms und dem Ehepaar Kupelwieser.

Drei Sommer verbrachte Johannes Brahms in Pörtschach am Wörthersee. Sie gehören zu den schaffensreichsten in seinem Leben. Noch heute gibt es hier die Johannes-Brahms-Gesellschaft, die es sich zur Aufgabe gemacht hat, die „kulturelle Identität" der Region „in einer Anknüpfung an die historischen Wurzeln" wieder aufleben zu lassen, etwa mit dem jährlich dort stattfindenden „Internationalen Johannes Brahms Wettbewerb" samt seinen Preisträgerkonzerten.

Die Büste von Johannes Brahms
im Hof von Schloss Leonstain

Eine Seerundfahrt

Eine kleine Geschichtskunde
mit Valentin Stossier

Die Schnür-Villa

Heute hat Pörtschach, das ehemalige große Dorf an der Straße, das Ende des 19. Jahrhunderts kaum mehr als dreihundert Einwohnerinnen und Einwohner hatte, an die 2 900, also fast zehnmal so viel. Darunter sind viele Familien aus Klagenfurt, die die Gemeinde, die dort liegt, „wo der See am schönsten ist", wie man auf der Gemeindewebseite lesen kann, dem Trubel der Landeshauptstadt vorziehen.

Was ist aber aus den altansässigen Pörtschacher Familien wie den Stossiers geworden? Gibt es sie noch? Spielen sie noch eine Rolle im Stadtgeschehen? Wir erkundigen uns bei unserem Sagenerzähler, und Valentin Stossier erklärt sich bereit, uns auf einer Seerundfahrt Einblick zu gewähren. Immerhin schaut er selbst schon auf über neunzig Jahre Pörtschacher Geschichte zurück. Allein die Spanne seines langen Lebens — Valentin ist im Jahr 1934 geboren — macht ihn zu einem wichtigen Zeitzeugen, sein profundes Wissen über die Chronik seiner eigenen Familie und die des Ortes zu einem bereichernden Gesprächspartner für Wörthersee-Fans.

Von ihm erfahren wir etwa, dass der Besitz seiner Familie — wie der von vielen anderen Pörtschacher Familien auch — nicht unmittelbar am See lag, sondern vielmehr im Hinterland. Seinerzeit waren Seegrundstücke nicht besonders begehrt gewesen und de facto wertlos. Sie waren sumpfig, aufgrund des schwankenden Seespiegels Überschwemmungen ausgesetzt und daher auch für die Landwirtschaft gänzlich ungeeignet. Nicht einmal Heu machen konnte man dort. Zudem war es in unmittelbarer Seenähe im Winter zumeist nebelig und sehr feucht, kein Vergleich also zu einer Hanglage mit Blick auf den See von oben. Lediglich einen Kartoffelacker hatten die Stossiers in Ufernähe. Hier befand sich auch einer der beiden Anlandeplätze mit Servitutsrecht für die Lagerung von Holz. Der andere war südlich von Schloss Leonstain.

Ingenieur Hans Schnür, der Direktor des Braunkohlebergwerks in St. Stefan im Lavanttal, hatte den Stossiers den Acker, der heute noch als der Schnür-Grund bekannt ist, bis zum Jahr 1923 verpachtet. Nun nutze er ihn selbst. Der Tourismusboom, der Mitte und Ende des 19. Jahrhunderts eingesetzt hatte, hatte den Preis von Seegrundstücken inzwischen beachtlich in die Höhe getrieben. Die

Sommerfrischler hatten Pörtschach für sich entdeckt. Sie suchten in der heißen Jahreszeit Abkühlung im kühlen Nass. Man bewarb die Region mit Slogans wie „Je heißer der Sommer, desto größer der Wunsch nach Abkühlung. Wo, wenn nicht im Wörthersee?" Hans Schnür, erfahren wir von Valentin, beauftragte den Stadtbaumeister von Klagenfurt mit dem Bau einer Villa im Stil der Wörthersee-Architektur. Er hatte den Trend der Zeit erkannt. Es war ihm nicht entgangen, dass Pörtschach inzwischen ein aufstrebender Fremdenverkehrsort geworden war, und so errichtete er neben der Villa ein Gästehaus und ein Bootshaus, dem er Anfang der Dreißigerjahre sein heutiges Aussehen verpasste. Es ist ein wahres Kleinod, das damals bald schon zum Motiv in der bildenden Kunst und Fotografie wurde. Es ziert etliche Prospekte, die Werbung für den Wörthersee oder Kärnten ganz generell machen. Solche befinden sich im Besitz von Valentin. Er zeigt uns etwa ein Bild, auf dem das Bootshaus auf einem Reisebus der Firma Blaguss abgebildet ist. Auch die Österreich-Werbung unter Geschäftsführerin Petra Stolba nutze es für ihre Kampagne „ankommen und aufleben – Urlaub in Österreich".

Das weiße Gebäude aus Holz am Ende des Stegs war stets mehr als nur ein Bootshaus, das diversen Wasserfahrzeugen Schutz vor Sturm und Sonne bot, es wurde bald schon von Badegästen der Villa oder dem assoziierten Gästehaus genutzt. Heute steht es wie das Werzer Badehaus unter Denkmalschutz.

Valentin hat dort sein Elektroboot untergebracht. Hier werden wir unsere kleine Rundfahrt über den See beginnen. Er betätigt einen Hebel, senkt das Boot ins Wasser und löst es aus der Aufhängung. Elegant und unendlich routiniert schwingt er sich ins Boot, das er nun in Richtung Südufer steuert. Dann hebt er an, zu erzählen.

Valentins Verbundenheit mit dem See reicht bis in seine früheste Kindheit zurück. Im Jahr 1942, er war damals acht Jahre alt, bekam er sein erstes Boot, ein Paddelboot, das ihm sein Vater in der damals legendären Hammer-Werft gekauft hatte. Josef Hammer, ein Salzburger, hatte die Pritschitzer Werft 1928 übernommen und bis ins Jahr 1962 weitergeführt, bis sie schließlich einem Sommerhaus weichen musste. In Kriegszeiten stellte er Marinefahrzeuge her. Valentins Paddelboot war in einem Bootshaus der Witwe von Wenzel

Fuchs, Bruder von Josef Victor Fuchs, einem der Väter der Wörthersee-Architektur, eingestellt. Damit fuhr er, wie er uns erzählt, regelmäßig um die Pörtschacher Halbinsel herum zum Strandbad, um dort seine Freunde zu treffen. Der Ort war damals so gut wie ausgestorben – und auch sicher, trotz des Krieges, da das große Bombardement noch nicht begonnen hatte. Tourismus gab es in den Kriegsjahren naturgemäß nicht, und folglich war auch die Schifffahrt mit Motorbooten 1939, gleich nach Kriegsbeginn, verboten und damit praktisch eingestellt worden. Dampfschiffe beförderten nun nur mehr Pendlerinnen und Pendler, die zu ihrer Arbeit auf die andere Seeseite mussten. Der Wörthersee war bis zum Kriegsende de facto nicht oder nur wenig befahren. Er gehörte der Pörtschacher Jugend allein. Wer schwimmen konnte, war am oder im See. Das waren vor allem die Kinder südlich der Bahngleise, wie wir erfahren. Sie waren am Wasser groß geworden. Um sie brauchten sich die Eltern keine Sorgen zu machen. Stundenlang sei er in seinem Paddelboot auf dem See unterwegs gewesen, erzählt Valentin.

Sämtliche Pörtschacher Kinder und Jugendliche verbrachten wie er die meiste Zeit in der Natur, am See, im Wald, überall, wo es schön war, und vor allem unter freiem Himmel. Gänzlich unbeaufsichtigt. Das war damals so. In dieses Lebenskonzept passte beinahe alles, nur die Schule nicht. Schmunzelnd erzählt uns Valentin, dass der Schuleintritt zu seinen schlimmsten Kindheitserinnerungen gehört. Krieg nichts dagegen. Als wäre es gestern gewesen, erinnert er sich heute noch an jenen Freitagvormittag: Valentin hielt sich in dem großen Garten vor dem Wohnhaus auf, als eine Freundin vorbeispazierte und ihm über die kleine Mauer, die das Grundstück von der Straße trennte, zurief: „Am 7. September beginnt die Schule. Da bist du dieses Mal auch dabei!" Er glaubte ihr nicht. Das ging gar nicht. Erst als ihm auch seine Eltern bestätigten, dass es da keinen Weg drumherum gebe, fügte er sich – anfänglich. Schon nach Ablauf der ersten Schulwoche machte sich in ihm das Gefühl breit, er hätte seiner Pflicht nun ein für alle Mal genüge getan, daher machte er nach dem Frühstück auch keine Anstalten, seinen Schulranzen zu packen. Auf die Aufforderung seiner Mutter, sich für die Schule bereit zu machen, gab er zu bedenken, dass er ohnehin schon eine Woche dort gewesen sei. Das kam ihm mehr als genug vor. Wozu Schule? Mit Pressen kannte er sich aus, das hatte er quasi mit der Muttermilch aufgesogen, und den See kannte er wie seine Westentasche, zu jeder Tages- und Jahreszeit und bei jedem Wetter. Brauchte es mehr? Er fand nicht. Irgendwann hatte er dann doch seinen Ingenieursabschluss in der Tasche, aber bis dahin war es ein steiniger Weg. Vor allem der Anfang war nicht ganz leicht gewesen.

1944 fielen die ersten Bomben auf Klagenfurt, die mitunter auch den Boden in Pörtschach beben ließen. Daraufhin ließ sein Vater einen Luftschutzbunker in die Wiese vor dem Haus graben. Hinter dem Haus sprengte er für seine Angestellten einen Bunker in den Felsen hinein. Zum Kriegsende hin wurden die Angriffe aus der Luft immer dichter. Die Sirenen heulten pausenlos. Die Arbeit in der Fabrikhalle kam ständig zum Erliegen, obwohl nicht alle Bomben tatsächlich auf Pörtschach fielen. Das führte dazu, dass Valentins Vater seinen Sohn damit betraute, mit einem Hammer auf eine große Blechplatte im Hof zu schlagen, wenn tatsächlich Gefahr im Anzug war. Valentin verbrachte so als Warner vom Dienst beinahe den ganzen Tag draußen bei der Platte. Am schlimmsten war für ihn dabei, dass er nun nicht mehr so oft zum See konnte. Erstens hatte er eine verantwortungsvolle Aufgabe zu erfüllen, und zweitens wurden in den letzten Monaten des Krieges modernere Tiefflieger eingesetzt, die man praktisch erst dann hörte, wenn sie schon da waren. Das machte jeden Aufenthalt fern von einem Luftschutzbunker zu einem gefährlichen Katz- und Mausspiel, bei dem man nur verlieren konnte.

Die Zeiten waren schlecht. Allzu große Entbehrungen während des Krieges und der Nachkriegszeit – Hunger – blieben den Stossiers jedoch erspart. Die Nachfahren der Müller von Leonstein stellten Maschinen zur Herstellung von Lebensmitteln her, insofern genossen sie gewisse Privilegien. Die Produktion von Obstsäften wie Apfelsaft war von enormer Wichtigkeit für die unterernährte Bevölkerung Österreichs. Betriebe, die sie herstellten, waren als systemerhaltend eingestuft worden. Die Pressen wurden mit Bezugsscheinen bezahlt. Leute, die nicht genug davon besaßen, zahlten mit Lebensmitteln, mit Speck etwa. Das garantierte der Familie von Valen-

Das Bootshaus am Schnür-Grund

tin, wenn schon keinen reich gedeckten, einen zumindest immer gedeckten Tisch. Außerdem sorgte der See für sie. Valentin erinnert sich gerne daran, wie er regelmäßig mit seiner Tante um die Kapuzinerinsel herum zum Fischen gerudert ist. Sie seien nie ohne Fisch wieder nach Hause gekommen. Hechte habe es da gegeben, oder auch Barsche.

Kaum war der Krieg überstanden, verbrachte Valentin wieder jede freie Minute am See. Aus dem alten Paddelboot war er inzwischen herausgewachsen, durch eine günstige Fügung des Schicksals war ihm jedoch ein altes, kaputtes Boot in die Hände gefallen. Zusammen mit seinem um zehn Jahre älteren Cousin reparierte er es, und es wurde tatsächlich wieder seetüchtig. Es war das erste von vielen, das durch ihre geschickten Hände ging.

Die Kunst, Boote zu bauen, liegt wohl jedem Pörtschacher ein wenig in den Genen, Sprösslingen aus alteingesessenen Familien vielleicht ganz besonders. Schließlich wollte immer schon jeder, der am See lebt, sich auch auf dem Wasser fortbewegen können, speziell dann, wenn Straßen keine Option sind. Bis ins Jahr 1909 hatte es am Südufer gar keine durchgehende Straße gegeben. Man war lange auf Boote angewiesen, wollte man etwa in die Kirche nach Maria Wörth kommen. Nicht jeder konnte mit seiner Verheiratung auf den Februar warten wie die Vorfahren von Valentin, schon gar nicht in Kärnten...

Boote brauchte man auch für den Transport von Gütern. Der war am Wasser bedeutend einfacher durchzuführen als auf schlechten – oder gar nicht vorhandenen – Straßen. Als der Lendkanal um 1580 schiffbar gemacht wurde, setzte zum ersten Mal ein reger Verkehr mit Transportschiffen ein. Klagenfurt, inzwischen die Hauptstadt Kärntens, wurde fast ausschließlich über den Wasserweg mit Fischen, Baumaterial, Holz, Ziegeln, Steinen, Kalk und Kohle versorgt, während Getreide von hier über den Wörthersee und in weiterer Folge den Landweg nach Villach gebracht wurde. Die Schifffahrt auf dem Lendkanal und dem See war dabei bis ins 18. Jahrhundert hinein ein Monopolbetrieb der Landstände. Im Jahr 1700 unterhielten sie eine Flotte von hundert Frachtschiffen sowie zahllosen kleineren Kähnen. Erst ab 1774 durften die Bauern ihr Holz auf eigenen Schiffen in die Stadt bringen.

Die Boote mussten natürlich zuerst gebaut werden, und das war alles andere als einfach. Als die Kunst, Boote zu bauen, noch nicht in die DNA der Wörtherseebewohner eingegangen war, ließ man sich Fachleute aus Venedig kommen, die die Bootsbauer und später die Mannschaften entsprechend schulten. Von ihnen lernte man auch, wie man den Wind ausnutzen und im Sommer mit dem vormittags einsetzenden Morgenwest von Velden nach Klagenfurt und am Nachmittag mit dem Ostwind wieder zurücksegeln konnte. Bei Windstille oder anderen ungünstigen Verhältnissen galt es zu rudern. Dagegen konnten auch die Venezianer keine Abhilfe schaffen. Bald waren auch heimische Zimmerleute versiert darin, Flachboote, die bis zu fünf Meter lang waren, und Frachtplätten von mitunter stolzen 25 Metern Länge zu fertigen. Sogenannte Spazierschiffe für Vergnügungsfahrten holte man noch längere Zeit aus Venedig. Sie boten einen Komfort, den man hier noch nicht so bald erreichte.

Der einsetzende Fremdenverkehr im letzten Drittel des 19. Jahrhunderts brachte auch in Sachen Bootsbau gewaltige Veränderungen mit sich. Die Sommerfrische-Urlaubenden aus der Reichshauptstadt brachten unter anderem den Segelsport mit. So wurde 1879 der erste Ruder- und Segelclub NAUTILUS gegründet und 1886 der k. u. k. Union Yachtclub Zweigverein Wörthersee mit Sitz in Pörtschach. Mit der Herstellung der zum Segeln notwendigen Yachten waren die heimischen Bootsbauer anfänglich völlig überfordert, also bezog man sie direkt von der Adria oder man warb sie von deutschen Werften ab. Auf die Produktion konkurrenzfähiger Ruder- und Segelboote verstand man sich bekanntermaßen auch in England und es lag nahe, den einen oder anderen Fachmann von dort an den Wörthersee zu holen. Das gelang mit dem englischen Sportsmann Richard Young, der in der Pritschitzer Bucht 1885 die erste Yacht- und Bootswerft am See eröffnete. Das war der Start für den heimischen Yachtbau.

Im Jahr 1893 errichtete der Kieler Heinrich Rehse, den die Liebe zu einer Klagenfurterin nach Kärnten gebracht hatte, in der Pörtschacher Ostbucht eine erste Werkstatthütte. Später übernahm Rehse auch die Young-Werft in Pritschitz. Dass seine Boote von ausgesprochen hoher Qualität waren, machte bald die Runde. Nachdem Heinrich Rehse am 21. 11. 1917 im

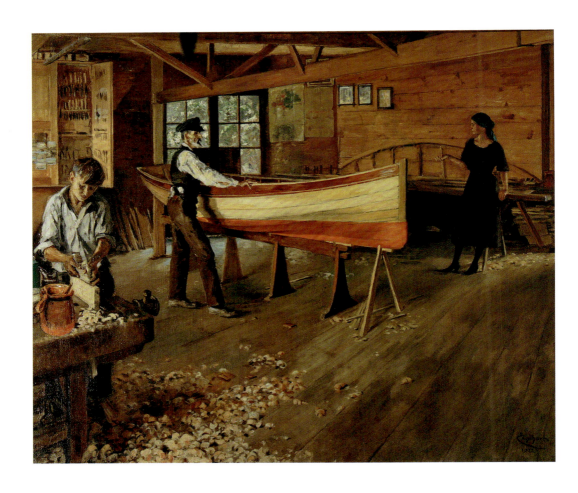

Bootsbauanstalt am Wörthersee

Alter von nur 56 Jahren verstorben war, wurde seine Werft zur Verpachtung ausgeschrieben. Dann brach jedoch der Erste Weltkrieg aus, und auch die Zeit danach war alles andere als eine Hochzeit für den Bootsbau.

Erst 1925 übernahm Josef Hammer, von dem Valentin später sein erstes Paddelboot bekommen sollte, die ehemalige Rehse-Werft. Auch er war kein Einheimischer, sondern stammte ursprünglich aus Schlesien und hatte vor seiner Übersiedlung an den Wörthersee einige Zeit in Salzburg gelebt. Er ist auf einem Belegschaftsbild der renommierten Wörtherseewerft aus demselben Jahr zu sehen, das auch in Valentins Besitz ist. Offenbar war es damals üblich, bei größeren Aufträgen Fachleute auch aus anderen Werften zu engagieren. Auch Valentins Großvater mütterlicherseits, der Tischlermeister Johann Pinter, ist auf dem Foto zu sehen. Während des Krieges baute Hammer Sturmboote für die deutsche Kriegsmarine. Mit dem Bau von Segelbooten begann er erst wieder nach 1945.

Valentin erzählt uns, dass er auf einem Segelboot von Hammer, einem 22er INGO II J 31, die ersten Regatten als Vorschootmann erlebt hat. Es sei ein ganz spezielles Boot gewesen, das Hammer als Gegenleistung für den Erwerb eines Hauses vom damaligen Besitzer von Schloss Leonstain, Dr. Neuscheller, angefertigt hatte. Valentins Vater, der die Liebe seines Sohnes zum See gut kannte, kaufte ihm im Jahr 1952 ein großes Segelboot, 1960 das erste Regattaboot.

Segeln hieß zu dieser Zeit auch segeln ohne Wind, wie wir nun erfahren. Das sei damals, da noch keine Motorboote unterwegs gewesen waren und Wellengang erzeugten, auch noch möglich gewesen. Man hatte einfach viel mehr Zeit gehabt, um genau zu beobachten, was Einfluss auf das Wasser und den Wind nahm. Auch die Konkurrenz wurde eingehend studiert, allesamt übrigens keine durchtrainierten Athleten, wie das heute der Fall ist, so Valentin.

Mit dem Pressenunternehmen Stossier war es nach Kriegsende wieder schnell bergauf gegangen. 1958 hatte der Betrieb bereits wieder 56 Mitarbeiterinnen und Mitarbeiter. Valentin war von 1972 bis 2015 als Geschäftsführer im Unternehmen tätig. Als die Obstpressen aus Pörtschach nicht mehr so gefragt waren, verlegte er sich auf die Produktion von hydraulischen Richtpressen und Autohebebühnen. Damals wie heute wird intensiv an der Verbesserung und der Automatisierung von Obstpressen gearbeitet.

Fast schon als Tradition kann angesehen werden, dass der amtierende Feuerwehrkommandant aus der Familie Stossier stammt. Von 1936 bis 1972 war es der Vater Valentins, für die nächsten achtzehn Jahre übernahm er selbst die Funktion. Aktiv dabei war Valentin schon viel früher, konkret ab seinem sechzehnten Lebensjahr. Er war auch in diesem jungen Alter mit offenen Armen empfangen worden, schon weil er Auto fahren konnte. Das war damals, im Jahr 1950, keine Selbstverständlichkeit. So ergab es sich immer wieder, dass zu wenige Chauffeure anwesend waren bei einem Einsatz. Die Sirene heulte, die Feuerwehrmänner waren bereit — und keiner konnte sie fahren. Also wurde Valentin dazu angehalten, hinter das Steuer zu klettern, obwohl er natürlich noch keinen Führerschein besaß. Zumeist fuhren auch Gendarmen mit, die damals noch kein eigenes Fahrzeug besaßen. Sie wussten zwar genau Bescheid über das jugendliche Alter ihres Chauffeurs, erhoben aber keinen Einspruch, weil sie nicht zu Fuß gehen wollten.

Zu den Aufgaben der Pörtschacher Feuerwehr gehörte nicht nur, Feuer zu löschen, sondern auch, Vermisste oder Ertrinkende aus dem See zu bergen. Vor allem im Winter brachen immer wieder Menschen ein, die die Dicke des Eises falsch annahmen oder einfach zu waghalsig waren. Bei manchen gelang die Rettung, die sich oft nur unter Gefährdung der Rettenden selbst vollzog, in anderen Fällen kam man schlicht zu spät.

Vor nicht allzu langer Zeit hat Valentin sein letztes Segelboot verkauft. An Wochenenden sei der Wellengang durch die vielen Motorboote so hoch, dass das Segeln bei wenig Wind keinen Spaß mehr mache. Seinen Jollenkreuzer hat er gegen ein Elektroboot getauscht. Dass er dem See noch immer verbunden ist, versteht sich von selbst. Mit dem Elektroboot fährt er regelmäßig hinaus — und heute wir mit ihm.

Valentin führt uns vorbei an der einstigen Villa Mahler in Sekirn. Wir erfahren, dass sie nach dem Tod von Gustav Mahler in den Besitz von Otto Siegel übergegangen ist, der seinerzeit, exakt im Jahr 1903, zusammen mit Eugen Wolff die Kölner Traditionsfirma Sidol gegründet hatte, die gängige Putzmittel wie etwa ATA herstellte. Fotos aus dem Familienbesitz der Stossiers, die den See von der Terrasse der nunmehrigen Villa Siegel zeigen, erinnern an die vielen schönen Abende, die man dort an heißen Sommerabenden in launiger Gesellschaft verbracht hat — und noch immer verbringt.

Wir fahren am Südufer entlang — blickt man die Uferböschung hinauf, kann man auch einen Blick auf jene Villa werfen, die Ferdinand Porsche 1938 erworben hat. Sie sollte zu einer zweiten Heimat für ihn, seine Kinder und Kindeskinder werden. Man verbrachte viele Sommer am See, im und auf dem Wasser. Valentin Stossier lernte Hans-Peter Porsche bei einer Regatta kennen. Ihre Begeisterung für Segelschiffe wurde zum gemeinsamen Fundament einer lebenslangen Freundschaft. Das Highlight in Valentins Erinnerungen daran war mit Sicherheit die Teilnahme an einer Europameisterschaft. Die beiden belegten den vierten Platz. Das war an sich ein großer Erfolg, trotzdem ärgerten sie sich, weil ihnen nämlich das Starterboot im Weg gestanden war und sie deshalb ein Manöver hatten durchführen müssen, das sie viel Zeit gekostet hatte. Hätten sie nicht ausweichen müssen, hätten sie wohl einen Stockerlplatz errungen.

Unser Boot fährt nun wieder Richtung Norden. Unser Guide macht uns linkerhand auf das Schloss Seefels aufmerksam. Ottfried Fischer, Bob Geldof, Michael Douglas, Jon Bon Jovi und Sting steigen hier ab, wenn sie am Wörthersee Urlaub machen. Ursprünglich, so erfahren wir, war das Schloss Seefels nicht als Hotelbetrieb geplant. Der Klagenfurter Nationalökonom Dr. Emanuel Herrmann (1839—1902) hatte die spätgründerzeitliche Villa am 7. Dezember 1872 gekauft, drei Jahre nachdem er in der *Neuen Freien Presse* einen Beitrag mit dem Titel *Über eine neue Art der Correspondenz mittels der Post* publiziert hatte. Darin regte er an, dass sämtliche Karten, die das Format eines gewöhnlichen Briefkuverts hatten, offen mit einer Zweikreuzermarke versendet werden durften, wenn sie mit Einschluss der Adresse und Unterschrift des Absenders nicht mehr als zwanzig Worte enthielten. Herrmann ist somit der Erfinder der Correspondenzkarte, der Ansichtskarte, wie wir heute sagen würden. Die Pörtschacher Motive erregten damals mit Sicherheit genauso viel Neid bei den Adressaten wie die Instagram-

Das Tor der Villa Mahler-Siegel

Storys heute. Die Villa wurde 1938 von den Grafen Nicolaus und Constantin Dumba gekauft und zum Hotel ausgebaut. Heute gehört es zur HEMASI Hotelbetriebs GmbH, die in München ansässig ist. Es zählt noch immer zu den besten Hotels in der ganzen Region. Dazu gehörte seinerzeit das *Drop-in*, die angesagteste Diskothek am Wörthersee, in der der Jetset Nacht für Nacht bis in die Morgenstunden tanzte. Zu den Highlights zählten da die meist spontanen Auftritte von Udo Jürgens. Valentin Stossier versichert uns augenzwinkernd, nicht sehr oft dort gewesen zu sein.

Vor uns breitet sich nun die Pörtschacher Halbinsel aus, auf der einst der Wiener Porzellanwarenfabrikant Ernst Wahliss (1837–1900) ein Hotelimperium – angeblich das größte in der Monarchie – errichten ließ, was ihn, ausgerechnet den Wiener, zu einem der Wegbereiter des Wörthersee-Tourismus machte. Vierzehn Villen, eine Badeanstalt, Tennisplätze, ein großer Naturpark und natürlich das Parkhotel, das lange als „das erste Haus am Platz" galt, gehörten dazu. Allein die Lage war einmalig. Von drei Seiten war man auf der Landzunge vom See umgeben, was sich vor allem bei den zahllosen Seefesten als besonderer Vorzug herausstellte. Man war von den Hunderten mit Lampions geschmückten Booten geradezu umzingelt, und auch das Feuerwerk, das zumeist in der Mitte des Sees abgebrannt wurde, war von hier aus gut zu sehen. Untertags verstellte nichts den Blick auf die wunderschöne Wallfahrtskirche gegenüber. Das Hotelimperium zerfiel rasch nach dem Tod von Ernst Wahliss im Jahr 1900. Seine Erben waren trotz des Millionenvermögens, das er hinterlassen hatte, nicht in der Lage, die Geschäfte erfolgreich weiterzuführen. Im Jahr 1928 kaufte die Gemeinde Pörtschach das gesamte Areal – und wurde bald darauf zahlungsunfähig. Das Parkhotel verleibte sich 1938 das Reichsfinanzministerium ein, und es wurde zur Reichsfinanzschule umfunktioniert. Pörtschach und Maria Wörth bekamen einen öffentlichen Verwalter. Der Erste Weltkrieg hatte seinen Tribut gefordert, und auch die Wirtschaftskrise der Dreißigerjahre hatte sich verheerend auf die ganze Gegend ausgewirkt. Reisen war passé. Daran dachte nun keiner mehr.

Nach dem Krieg hatte Pörtschach nur noch wenig von dem vormaligen Glanz. Man hatte das einst so prunkvolle Zentrum der österreichischen Riviera zu einer Lazarettstadt umfunktioniert. In den ehemaligen Hotelpalästen amüsierte sich nun nicht mehr der Jetset, sie waren für verwundete Soldaten reserviert, denen hier geholfen wurde, so gut es ging. Selbst die Schulen dienten als Lazarette. Diejenigen Verwundeten, die etwas fitter waren, hielten sich in den Badeanstalten auf. Gelegentlich wurden auch Schifffahrten für sie organisiert. Der Niedergang des Fremdenverkehrs hatte die romantischen Strandvillen und mit ihnen das Parkhotel leergefegt, das dann — ein Mahnmal an bessere Zeiten — Anfang der Sechzigerjahre abgerissen und schließlich von der Firma Wayss & Freytag Ingenieurbau neu errichtet wurde. Gegen Ende des Zweiten Weltkriegs — Pörtschach war von englischen Truppen besetzt — richteten die Besatzer im Ort ihre Kasernen ein. Touristinnen und Touristen hatten also noch immer keinen Platz dort. Erst ab 1950, mit dem Ende der Besatzung, setzte der Fremdenverkehr allmählich wieder ein und erlebte später großen Aufschwung, allerdings unter anderen Vorzeichen. Die meisten der noblen Hotels sind inzwischen Appartementhäusern gewichen — the times they are a-changin'.

Wir steigen aus dem Elektroboot aus, schauen Valentin dabei zu, wie er es wieder fachgerecht in dem Bootshaus der Schnür-Villa verstaut. Gemeinsam verlassen wir das Grundstück über den langen Steg. Beim Gartentor verabschieden wir uns von ihm und bedanken uns für den Einblick, den er uns in die Geschichte des Ortes am See gegeben hat. Kaum jemand ist mit der Gegend so eng verbunden wie er — und das seit mittlerweile neun Jahrzehnten.

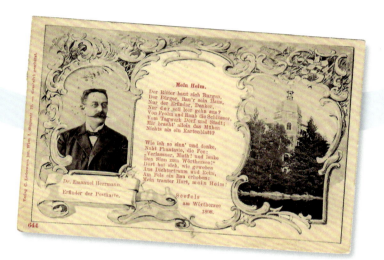

Die erste Correspondenzkarte von Emanuel Herrmann

Stadt der Klagen

Von Schlangen, Lindwürmern
und anderen Ungeheuern

DICHTUNG

... den Wahn und die Sagen der Vorfahren studieren ...
Johann Gottfried Herder, Fragmente zur deutschen Literatur, 1767

Liest man sämtliche Sagen aus der Region rund um den Wörthersee, bekommt man unweigerlich den Eindruck, dass das Klagenfurter Becken eine Art Schlangengrube gewesen sein muss. Kaum eine Geschichte, in der Schlangen oder ihre ins Ungeheuerliche gesteigerten Verwandten, die Drachen oder Lindwürmer, keine prominente Rolle spielen, sei es nun als Wiedergänger, als todbringende Ungeheuer oder aber auch als Glücksbringer und Schatzhüter. Nicht zu vergessen eine ganze Insel, die die Bezeichnung „Schlangeninsel" trägt, und all die Schlangenfrauen, die Männer dort reihenweise ins Verderben stürzen und/oder sich — zu Recht oder auch nicht — bitter an ihnen rächen. Offenbar gibt oder gab es hier vielmehr so gut wie alles, was kreucht und fleucht, und man muss schon ein versierter Drakologe — ein Drachenforscher — sein, um da nicht den Überblick zu verlieren.

* Die Schlangen im Glantal *

Einst gab es in Glanegg so viele Schlangen, dass sie wie selbstverständlich bis in die Stuben und Küchen kamen und trotz aller Bemühen der Menschen nicht mehr zu vertreiben waren. An einem Sonntagvormittag war nur eine einzige Magd im Dorf auf dem Bauernhof geblieben, wo sie das Mittagmahl für die Bauersleute bereitete, die fromm zur Kir-

Der Lindwurm von Klagenfurt

che gegangen waren. Nur einmal unterbrach sie das Kochen, um die Schweine im Stall zu füttern. Als sie vom Stall wieder in die Küche zurückkam und nun in dem großen Topf das Kraut umrühren wollte, sah sie zu ihrem Entsetzen, dass an dem Kochlöffel eine Otter hing. Es war zu spät, noch einmal von Neuem mit dem Kochen zu beginnen, also fasste sie die Schlange, warf sie zur Tür in den Hof hinaus und dachte bei sich: „Wenn ich den Bauern nichts davon erzähle, wird ihnen das Essen ganz bestimmt schmecken." Das tat es auch und nach dem Mahl versicherten ihr die Hausleute, noch nie so hervorragend zubereitetes Kraut gegessen zu haben.

Auf einem anderen Bauernhof erschien Tag für Tag eine weiße Schlange. Eine Magd setzte ihr jedes Mal ein kleines Schüsselchen mit Milch vor. Ein weiser alter Mann aus dem Dorf, der das sah, riet ihr, darauf zu schauen, ob die Schlange womöglich ein kleines Krönlein trage. Dieses solle die Magd sich aneignen, während das Tier trinke, und es in die Kiste legen, in der sie ihr Geld aufbewahre. Und wirklich bemerkte die Magd beim nächsten Besuch der Schlange, dass diese, bevor sie die Milch zu schlürfen begann, ein glitzerndes Krönlein auf den Boden warf, und sie schnappte es und brachte es eilig in Sicherheit, wie der Alte gesagt hatte. Seit diesem Tag konnte sie so viel Geld, wie sie wollte, aus der Kiste nehmen. Es wurde nie weniger.

* Der Lindwurm *

Als noch der Kärntnerfürst von der Karnburg Herr über das Land war, hausten in der Gegend vom Wörthersee bis zur Drau wilde Tiere. Undurchsichtiger Nebel lag über der sumpfigen Ebene, Gestrüpp bedeckte den Boden, und während auf den Almen an den Berghängen Herden von Rindern, Schafen und Ziegen weideten, betrat nur, wer besonders waghalsig war, jenes Dunkel – zurück kam keiner, hatte er sich einmal allen Warnungen zum Trotz dort hinausgewagt. Immer wieder, so erzählt die Sage, verschwand eine fette Kuh von der Weide. Wer sie gestohlen und zu seiner Beute gemacht hatte, konnte jedoch niemand sagen. Man argwöhnte, dass ein Untier in jener sumpfigen Gegend hauste, denn von dort waren immer wieder ein Geheul, das einem das Blut in den Adern gefrieren ließ, und ein ganz fürchterliches Knurren zu hören, und zwar ganz besonders dann, wenn das Wetter schlecht war. So trug der Landesfürst seinen Leuten auf, das schreckliche Ungeheuer auszuforschen und zu töten. Aber vergeblich: Selbst die Mutigsten von ihnen befiel Furcht und Schrecken, wenn sie nur an die Jagd dachten. So fasste man den Plan, es aus seinem Versteck zu locken.

Am Rand des Sumpfes stand ein hoher Turm. Von ihm aus konnte man das Ungeheuer beobachten. „Wer es wagt", sprach der Fürst zum Volk, „mit List oder Gewalt sich des Ungetüms zu bemächtigen, dem sei der Turm und reicher Lohn. So weit jetzt sein gefräßiger Zahn herrscht, von einem Flusse zum andern, sei das ganze Land des Siegers Eigentum; er sei frei und wär' er auch ein Sklave." Gleich mehrere Knechte riefen, dass sie es versuchen wollten, und sie zogen auch schon bald gemeinsam los. Sie führten einen fetten Stier mit sich und befestigten ihn an einer eisernen Kette, an der auch ein gewaltiger Widerhaken war. Das Gebrüll des Stiers war über Dörfer hinweg zu hören. Nicht lange, und ein Brausen erhob sich über dem Sumpf. Wie ein Pfeil schoss ein scheußlicher geflügelter Wurm, der mit einem Panzer bedeckt war, vom Himmel und packte den Stier. Dampf schnaubte er aus seinen Nüstern. Er öffnete sein riesiges Maul, um den Bullen zu verschlingen, dabei verfing sich der Widerhaken in seinem Rachen. Schrecklich schlug er um sich. Da sprangen die Knechte aus ihren Verstecken hervor und töteten ihn mit ihren Keulen.

An dieser Stelle erstand nach nicht allzu langer Zeit ein kleines Dorf. Dort, wo einst der Turm gestanden war, ließ sich der Fürst ein prächtiges Schloss errichten. Der Sumpf wurde trockengelegt und das Gestrüpp ausgerottet, sodass der Boden allmählich urbar wurde. So entstand die spätere Stadt Klagenfurt. Zum Andenken an jenen Kampf hielt man den Lindwurm und den Turm im Wappen der Stadt fest, und ein Denkmal von ihm steht auch heute noch auf dem Neuen Platz. Bis zum Jahr 1832 konnte man im Archiv des

Klagenfurter Rathauses den Schädel des Lindwurms an einer Kette hängen sehen. Und bis vor nicht allzu langer Zeit konnte man an der großen Straße zwischen Zollfeld und Willersdorf noch eine Vertiefung bewundern, in der der Lindwurm gelegen haben soll.

* Wie Klagenfurt zu seinem Namen kam *

Klagenfurt soll einst Glanfurt geheißen haben, seinen Namen also von einer Furt über die Glan bekommen haben. Aeneas Sylvius, der spätere Papst Pius II., erzählte im 15. Jahrhundert folgende Anekdote von den Klagenfurtern: Es sei dort Sitte gewesen, Diebe in Rechtsverfahren ohne vorhergegangene Beweisführung auf den bloßen Verdacht hin aufzuhängen. Stellte sich die Anklage als gerecht heraus, so habe man den Dieb am Galgen hängen lassen, andernfalls habe man ihn auf dem Friedhof begraben und eine Messe für seine Seele lesen lassen.

Womöglich hat der Gelehrte damit auf die Sage von jenem Bäckerjungen angespielt, die man sich in Klagenfurt allenthalben erzählte: Ein Bäckerjunge stand bei einem Meister im Dienst, der die Angewohnheit hatte, die Geldsäcke, die er zum Ankauf des Getreides brauchte, auf die Mehltruhe zu legen. Einmal geschah es, dass der Junge die Truhe öffnete, ohne auf die Geldsäcke zu achten. Die Geldscheine waren klein und von leichtem Gewicht, zudem hatte der Meister sie sorgsam zusammengefaltet, und so merkte der Junge nicht, dass sie beim Öffnen der Truhe hinter dieselbe fielen und im Mehlstaub dort zu liegen kamen. Der Meister machte sich nicht die Mühe, lange nach dem Geld zu suchen, sondern bezichtigte den armen Jungen sogleich des Diebstahls. Er zeigte ihn beim Richter an, der ihm unter grauenhafter Folter ein Geständnis abzwang und ihn zum Aufhängen am Galgen verurteilte. Das Urteil wurde schon am nächsten Morgen vollzogen.

Wenig später fand der Meister zufällig die

Geldsäcke hinter der Mehltruhe und erkannte die Unschuld des Jungen. Er war ganz außer sich, da er den Toten nicht wieder lebendig machen konnte. Der Richter wusste seinen verhängnisvollen Irrtum nicht anders zu sühnen, als dass er durch ein feierliches Gelöbnis und ein Opfer um Vergebung der Blutschuld beim ewigen Richter bat. Die Klagenfurter Bürgerschaft beschloss einstimmig, dass der Ort, an dem diese himmelschreiende Ungerechtigkeit passiert war, von nun an Klagenfurt heißen und sich so die Klage über die begangene Tat auf die spätesten Enkel vererben solle.

Noch lange zeigte man das Bäckerhaus, das dem damaligen Rathaus gegenüberlag, Einheimischen wie Fremden. An seiner Ecke war ein steinerner Kopf eingemauert, und ein gleicher Kopf hing im Fenstererker im Hof vom Schliber'schen Gasthof, dem ehemaligen Gerichtshaus. Sie sollten die Nachkommenschaft wie Warner anreden und das ungerechte Todesurteil sühnen.

∗ Der Türmer zu Klagenfurt ∗

In den alten Zeiten, als Feuer das Licht spendete und noch nicht alle Kärntner eine Uhr besaßen, gab es auf dem Turm der Stadtpfarrkirche von Klagenfurt einen Feuerwächter. Stündlich machte er dort seine Runde und verkündete die volle Stunde durch das Blasen in ein Horn nach allen Himmelsrichtungen. Um Mitternacht durfte er jedoch nur nach Westen, Norden und Osten blasen, niemals nach Süden, denn dort lag vor der Stadt der Friedhof von Sankt Ruprecht, und die Toten wollte man tunlichst ruhen lassen. Einst bekleidete ein stadtbekannter Trunkenbold das Amt. Als er einmal spät abends an seinem Stammtisch erschien, machten sich seine Trinkkumpane lustig über ihn, weil er, der die genaue Zeit doch am besten von ihnen allen kennen musste, zu spät gekommen war. Sie gingen sogar so weit, gegen seinen Sohn zu sticheln, der den Vater in dessen Abwesenheit vertrat und die Stunden blies. Wenn dieser das Horn ertönen lasse, klinge es so kläglich, als wolle er die Toten erwecken, höhnten sie.

Der Spott brachte den Türmer in Rage. Er stürzte aus dem Wirtshaus hinaus und drohte noch damit, er werde ihre Worte wahrmachen. Kurz vor Mitternacht kam er in seinem Turmzimmer an. Er nahm das Horn und begann nun, laut zu blasen: zuerst nach Norden, dann nach Osten, dann nach Westen – und zuletzt nach Süden. Entsetzt über sein frevelhaftes Tun kam seine Frau herbeigelaufen und wollte ihm das Horn entreißen. Vergeblich. Er blies noch lauter nach Süden hin. Sein Blasen drang über die Stadt und die Felder bis zum Friedhof hinaus. Da öffneten sich die Gräber und grausige Gestalten stiegen daraus hervor. Sie machten sich im fahlen Licht des Mondes auf den Weg zu dem Turm, woher der Ruf erklang. Immer näher kamen sie und als der Türmer den bleichen Zug der Toten erblickte, sank er vor Schrecken in die Knie. Zu spät: Schon standen sie in ihren flatternden Hemden da! Schon griff der Erste mit seiner knochigen Hand nach ihm! Schon langte ein anderer mit seinen Knochenfingern durch das Eisengitter des Ganges! Da ertönte in der Glockenstube der erste Stundenschlag – und die Gerippe zerstieben. Seit damals wagte es kein Türmer mehr, nach Süden hin zu blasen und die Toten aus ihrem Schlafe zu wecken.

∗ Der steinerne Fischer ∗

In einer Nische eines Hauses auf dem Klagenfurter Heiligengeistplatz steht die Statue des Steinernen Fischers und erinnert an den einstigen Fischmarkt dort. Sie trägt die Jahreszahl 1606 und folgende Inschrift: „So lang wil ich da bleiben stahn – Pis mier meine Füsch und Krebs abgan." Die Sage erzählt Folgendes: Einst kam ein Fischer vom Wörthersee zum Markt. Eine äußerst sparsame Frau hinterfragte, ob der Fischer auch richtig gewogen hatte, er schwor jedoch: „Zu Stein soll ich werden, wenn ich falsch gewogen!" Der frevlerische Fluch, den er über sich selbst gebracht hatte, erfüllte sich noch im selben Augenblick. Vor den Augen der versammelten Menge auf dem Markt wurde der Fischer zu Stein. Er wartet noch heute auf Erlösung.

Die Fische vom Wörthersee bildeten in früherer Zeit das Hauptnahrungsmittel der Klagenfurter – und die Fischer trieben oft allerlei Unfug. Sie kamen spät auf den Markt und brachten auch nicht immer frische Fische mit. Außerdem waren sie im Verdacht, am Markt Ware zurückzuhalten, damit der Preis hoch blieb, oder sie verkauften Fische am Weg zum Markt zu freien Preisen. Die Statue des Steinernen Fischers sollte die Fischer ermahnen, diesen streng verbotenen „Fürkauf" zu unterlassen. Am Markt war es den Fischern außerdem verboten zu sitzen, die Obrigkeit verfügte, dass jeder Fischer im Sommer und im Winter, bei Regen und bei Sonnenschein ohne Mantel und ohne Hut auf dem Platz stehen müsse, das sollte verhindern, dass unverkaufte Ware versteckt bleiben konnte. Die in den Sockel gravierte Inschrift verweist drohend auf das Verbot, Ware am Ende des Markttages unverkauft wieder mitzunehmen und womöglich an einem anderen Tag anzubieten. Darauf geht die Errichtung der Statue zurück, informiert heute eine im November 2023 bei ihr angebrachte Tafel.

Mitunter ist es nicht ganz einfach, aus Volksdichtungen die eigentliche Botschaft herauszulesen. Keinesfalls kann es als ausreichend angesehen werden, bei der Auflistung von Motiven und Erzähltypen stehenzubleiben, oder bei der Herausarbeitung diverser formaler Kriterien. Vielmehr muss man versuchen, das Potential ihrer Bedeutung, das ihnen im Zuge ihrer Entstehung mitgegeben worden ist, zu begreifen, und zwar ganz besonders dann, wenn diese Entstehungszeit in eine andere geistesgeschichtliche Epoche fällt als die unsere. Nur wenn wir ein Gefühl für die Lebenswirklichkeit von all denen entwickeln, die die Geschichten erzählt oder auch erzählt bekommen haben, laufen wir nicht Gefahr, entweder eine Sagenfigur falsch aufzufassen oder gar einer gänzlichen Fehlinterpretation aufzusitzen.

Wir müssen uns gerade auch im Falle unserer Sagen immer wieder die Frage stellen, was sie uns denn eigentlich sagen wollen. Es greift zu kurz, wenn wir uns auf unserer Spurensuche nach ihrem notorisch „wahren Kern" lediglich auf den Bereich des Faktischen beschränken, uns ausschließlich dort aufhalten, denn dort werden wir ihre Wahrheit nicht finden, zumindest nicht ihre ganze Wahrheit, denn die Wahrheit eines Mythos liegt nie nur im Faktischen beschlossen.

Natürlich ist der Wörthersee aufgrund seiner geschützten Lage einer der wärmsten Alpenseen, was das gehäufte Vorkommen von Reptilien durchaus begünstigt, und höchstwahrscheinlich hat auch der gewaltige Schädel des eiszeitlichen Wollhaarnashorns, den man im Mittelalter im Zollfeld gefunden hat,[97] die Fantasie zu Lindwurm-Erzählungen beflügelt. Sind wir damit jedoch am Ende unserer Deutung angelangt? Wohl kaum. So macht etwa der Fund des Schädels die Geschichte von einem drachenartigen Untier plausibler als beispielsweise die von Zwergen, er kann jedoch nicht als die einzige Wahrheit – als der alleinige Anstoß für die Sage vom *Lindwurm* – verbucht werden. Wollen wir diese verstehen, müssen wir uns zuerst einmal vergegenwärtigen, welche Rolle Drachen in der Vorstellungswelt der Menschen über Hunderte von Jahren überhaupt gespielt haben. Sie galten nämlich nicht immer als Fabelwesen, vielmehr sprach man ihnen eine ganz reale Existenz zu, wenngleich auch nur in weit entfernten Ländern. Mit „Hic sunt dracones" („Hier wohnen Drachen") markierten etwa die alten Römer auf ihren Landkarten die Grenzen der ihnen bekannten Welt.

Von Drachen und Schlangen

Drachen im Speziellen, jedoch auch Tiere im ganz Allgemeinen hatten über lange Zeit hinweg immer auch eine Bedeutung, die über das Natürliche hinausging. Die Vorstellung hat eine lange Tradition. Sie fußt auf der antiken und frühmittelalterlichen Naturkunde, und da speziell auf einem Werk, das eine breite Rezeption sowohl in der gelehrten als auch in der volkskundlichen Literatur des Mittelalters und der Renaissance gefunden hat: dem sogenannten *Physiologus*, einer Art Vorläufer unserer Pflanzen- und Tierführer mit quasi-metaphysischem Anspruch. Das Werk stammt aus dem 2. Jahrhundert nach Christus und ist in Byzanz in griechischer Sprache verfasst worden. Sein Autor ist anonym geblieben. In den nachfolgenden Jahrhunderten ist der *Physiologus* europaweit in viele Sprachen, darunter ins Althochdeutsche, Italienische, Waldensische, Provenzalische, Spanische, Tosco-Venetianische – und was man damals sonst noch so gesprochen hat –, übersetzt worden.[98]

Tiere haben Fähigkeiten, die über das menschliche Maß hinausgehen, man denke an die Kraft ihrer Sinne und ihres Instinkts, die sie beinahe schon in die Nähe des Übersinnlichen rückt. Zugleich verfügen sie jedoch auch über Eigenschaften, die Menschen mit ihnen teilen beziehungsweise teilen möchten – die Treue des Hundes etwa –, und das wiederum legt nahe, im Tierreich ein Sinnbild für menschliche Charaktere zu sehen. Der Autor des *Physiologus* macht sich das zunutze und versieht Tiere, Pflanzen und Steine jeweils mit einem spezifischen allegorischen Gehalt und deutet sie in einem nächsten Schritt auf das christliche Heilsgeschehen hin.[99] Trotz seines doch recht eigenartigen Inhalts und seines nicht gerade bedeutenden theologischen Gehalts hat der *Physiologus* eine außerordentliche Breitenwirkung entfaltet. Er gehört zu den im Mittelalter am weitesten verbreiteten Schriften und ist wohl eine der wichtigsten der christlichen Natursymbolik überhaupt. Als der unumstrittene Vorläufer sämtlicher sogenannter *Bestiarien* – reich illustrierter mittelalterlicher Tierdichtungen – war er über Jahrhunderte hinweg maßgeblich für die Darstellung von Tieren und Fabelwesen, und zwar in Wort und Bild, und da ganz besonders in der christlichen Ikonografie. So wird Christus etwa als Löwe oder auch als Pelikan dargestellt. Als Letzterer, weil der Vogel, wie man lange geglaubt hat, seine Kinder mit seinem eigenen Blut ernährt – wie Christus seine Glaubensgemeinschaft.

Manche dieser Sujets reichen übers Mittelalter und die Renaissance bis in die Jetztzeit, etwa das vom Salamander, der feuerfest sein soll, oder das des Phönix, der zu Asche verbrennt, um wiedergeboren zu werden. In dem im Jahr 2000 erschienenen vierten Teil *Harry Potter und der Feuerkelch* aus der *Harry-Potter*-Reihe von J. K. Rowling stellt sich der „Patronus" – eine Art heraufbeschwörbarer Schutzgeist – von Albus Dumbledore, dem legendären Schulleiter der Zauberschule Hogwarts, als ein solcher Phönix heraus, der in bestimmten Perioden in Flammen aufgeht und dann wiederum aus der Asche neu entsteht. Der Schulleiter hält außerdem als Haustier einen Phönix namens Fawkes in seinem Büro.

Die Grenze zwischen real existierenden Tieren und Fabelwesen verläuft fließend im *Physiologus*, beziehungsweise ist sie gar nicht existent. Basilisken, Sirenen und Kentauren stehen hier gleichberechtigt neben Hirschen, Löwen und Elefanten. Ausgerechnet dem Drachen ist – auf den ersten Blick zumindest – kein eigenes Kapitel gewidmet. Er taucht jedoch in fünf anderen Kapiteln auf, in denen vom Panther, vom Ichneumon, vom Hirsch, von einem mythischen Baum namens Peridexion und vom Elefanten die Rede ist.[100] Liest man den Originaltext, fällt jedoch auf, dass das griechische Wort „δράκων" (drakon), von dem sich unser Wort „Drache" ableitet, gleichermaßen auch für „Lindwurm" und „Schlange" zur Anwendung kommen kann. Ganz deutlich wird das in dem Kapitel, das „Von Hirsch und Schlange" heißt. In der Überschrift steht „ὄφις" (ophis), das griechische Wort für „Schlange", im Text selbst kommt die Schlange dann allerdings nur noch unter der Bezeichnung „δράκων" (drakon) vor.

Sind Drachen also Schlangen? Schon die Bezeichnung „drakon" – Drache – selbst spricht Bände. Sie leitet sich von dem griechischen Verb „δέρκεσθαι" (derkesthai) mit dem Aorist (einer Vergangenheitsstufe) „ἔδρακον" (edrakon) ab, was so viel bedeutet wie „einen unheimlichen, feurigen Blick haben", und das trifft schließlich auf beide zu. Der Verfasser des *Physiologus* war Grieche. Ihm war der synonyme Gebrauch des Wortes „δράκων" (drakon) für beide — Tier und Fabelwesen — schon aus der Literatur geläufig. Zu den Aufgaben von Herakles etwa gehört es, ein drachenartiges Ungeheuer, die Lernäische Hydra, zu töten. Hesiod, der Autor, der die Geschichte erzählt, beschreibt sie wie folgt: „Löwe von vorn, am Ende ein Drache, in der Mitte die Ziege".[101] Für Drache steht das griechische „δράκων" (drakon). An einer Stelle bei Homer, im dritten Gesang der *Ilias*, findet sich „drakon" wiederum eindeutig in der Bedeutung von Schlange. Die Rede ist hier von dem trojanischen Prinzen Paris (Alexandros), dem Geliebten der Helena, der im Schlachtengetümmel auf Helenas Ehemann Menelaos trifft — seinen Erzrivalen. Schlagartig wird ihm, dem Liebling der Aphrodite, bewusst, dass er womöglich der bessere Liebhaber ist, dem griechischen Kämpfer auf dem Schlachtfeld jedoch bei Weitem nicht das Wasser reichen kann, und er entscheidet sich für das im Rahmen des Ehrenkodex für Helden Unmögliche: Er weicht dem Zweikampf aus und flieht. Seine Reaktion beim Anblick des übermächtigen Gegners ist mit einem Gleichnis beschrieben:

ὡς δ' ὅτε τίς τε δράκοντα ἰδὼν παλίνορσος ἀπέστη
οὔρεος ἐν βήσσης, ὕπο τε τρόμος ἔλλαβε γυῖα,
ἂψ δ' ἀνεχώρησεν ὦχρός τέ μιν εἷλε παρειάς…
ὣς αὖτις καθ' ὅμιλον ἔδυ Τρώων ἀγερώχων
δείσας Ἀτρέος υἱὸν Ἀλέξανδρος θεοειδής.

So wie ein Mann, der eine Schlange sah, mit Entsetzen zurückfuhr,
In des Gebirgs Waldtal; ihm erzitterten unten die Glieder;
Rasch nun floh er hinweg, und Bläss' umzog ihm die Wangen…
Also taucht' er zurück in die Meng' hochherziger Troer,
Zagend vor Atreus' Sohn, der göttliche Held Alexandros.[102]

Der Mann im Gleichnis sieht eine Schlange und mit Sicherheit keinen Drachen. Das Entsetzen ist dennoch groß. Es fußt in dem völlig unvermuteten Gewahrwerden des Untiers. So wie der Mann in dem Gleichnis nicht mit dem Erscheinen der Schlange gerechnet hat, trifft den Prinzen Paris die Erkenntnis von der Übermacht seines Rivalen unvorbereitet. Dabei steht die Schlange nicht für Menelaos selbst, sondern vielmehr für die Erkenntnis einer Wahrheit, der man so nicht gewachsen ist, die plötzlich über einen hereinbricht und einem das Blut in den Adern gefrieren beziehungsweise aus den Wangen weichen lässt.

Der synonyme Gebrauch der beiden Wörter Drache und Schlange legt die Vermutung nahe, dass man in Drachen über lange Zeit hinweg real existierende Geschöpfe gesehen hat. Dafür spricht auch, dass selbst noch der große Gelehrte der Scholastik, Albertus Magnus (1200–1280), in seinem Werk *De animalibus – Über die Tiere* – den Drachen zur großen Familie der Schlangen rechnet.[103]

In jedem Fall haben Drachen bis ins Mittelalter als so etwas wie ins Übermächtige gesteigerte Schlangen gegolten, *übermächtig*, wohl gemerkt, und nicht unbedingt *übernatürlich* beziehungsweise nicht übernatürlicher, als Schlangen an sich schon waren. Drachen waren eben nicht mehr oder weniger als eine spezielle Schlangenart – eine besonders gefährliche naturgemäß. Was sie auszeichnet, ist der unheimliche Blick („derkesthai") – und das blanke Entsetzen, das sie um sich verbreiten. Die aus dem antiken Griechenland übernommene Lehrmeinung dürfte sich unter anderem über den *Physiologus* und die von ihm inspirierten *Bestiarien* in Europa verbreitet haben. Was von der Schlange gesagt wird, gilt auch für den Drachen. Womöglich gab es rund um den Wörthersee ja mehr als nur einen Drachen respektive Lindwurm, und was uns das sagen will, gilt es herauszufinden, wollen wir die Sagen richtig deuten … Doch dazu später.

Es gibt im Übrigen nicht nur böse, sondern auch gute Schlangen, und auch das ist im *Physiologus* grundgelegt, der von beiderlei Sorten in zwei aufeinanderfolgenden Kapiteln berichtet (Kapitel 10 und 11). Die Schlange ist eben ein ambivalentes Wesen. Sie ist geheimnisvoll und unheimlich zugleich. Schon allein, dass sie sich ohne Beine fortbewegen kann, hat zu beinahe allen Zeiten Staunen hervorgerufen. Bewunderung und zugleich auch Furcht hat ihr ihre Fähigkeit, sich zu häuten, eingebracht. Wer außer der Schlange kann schon aus seinem eigenen Körper ausfahren, um sich zu verjüngen?[104] Wenn das nicht dämonisch ist, was dann? Die Schlange ist geradezu der Inbegriff des Dämonischen, im Guten wie im

Bösen: Auf der einen Seite steht sie seit dem biblischen Sündenfall für das Böse schlechthin. Im Kapitel mit dem Titel „Von Hirsch und Schlange" wird der Name der Schlange auch dahingehend etymologisiert: „ὄφις" (ophis) – Schlange – wird auf „ὁ φής" (ho phäs), „der Sprecher", zurückgeführt, auf die heuchlerische Schlange, die Eva im Paradies angesprochen und in weiterer Folge verführt hat.[105] In der *Genesis* und in der *Apokalypse* steht die Schlange demnach für den Teufel selbst, in der Volksdichtung erscheint sie als Wiedergängerin, als unerlöste Tote wie etwa Jutta, das stolze Burgfräulein von Reifnitz.

Auf der anderen Seite kennt man sie – und das auch schon seit der Antike – als schützenden Hausgeist: Ist eine Schlange im Haus, geht vor allem das Geld nicht aus. Schlangen wissen als Erdwesen, die sie sind, um die geheimnisvollen Schätze im Inneren unserer Erde. Man braucht ihnen nur zu folgen, dann findet man einen Schatz.

Gängig in der Volksdichtung wie etwa auch in der Sage, die unter dem Titel *Die Schlangen vom Glantal* erzählt wird, ist das Motiv von dem glitzernden Krönlein des Schlangenkönigs. Gelingt es, das Krönlein in Sicherheit zu bringen, ist der Geldsegen nie enden wollend. Die Vorstellung von dem Krönlein hat seinen Ursprung wohl in der Kopfzeichnung mancher Schlangenarten.[106]

Und der Lindwurm? Der Lindwurm auf dem Neuen Platz in Klagenfurt ist eine ins Fürchterliche gesteigerte Schlange. Es fällt auf, dass es sich dabei – ähnlich wie bei der Lernäischen Hydra – um ein Ungeheuer handelt, das sich aus drei Tieren zusammensetzt, die alle real existieren und ihrem Symbolgehalt nach mehr oder weniger schlangenartig sind. Der Lindwurm hat den Kopf eines Hundes, den Körper eines Raubvogels und den Schwanz einer mächtigen Schlange, kann sich also in allen Elementen gleichermaßen fortbewegen. Der Lindwurm kann fliegen, schwimmen, gehen und kriechen.[107] Man entkommt ihm weder auf der Erde noch in der Luft oder im Wasser, was ihn so besonders gefährlich macht. Der Hund trifft sich, was seinen mythischen Gehalt angeht, in einem Punkt mit der Schlange: Er ist wie sie ein Hüter des Verborgenen, zu dem er dank seiner scharfen Sinne, die ihm auch die Welt des Übersinnlichen erschließen, Zugang hat. Er hütet jedoch keine Schätze, sondern bewacht Grenzen, wie den

Der Lindwurm von Klagenfurt

Eingang zur Unterwelt, was sich etwa in der Vorstellung vom Höllenhund, dem sagenhaften Kerberos, niederschlägt, die in der Antike und darüber hinaus weit verbreitet war.

Die Gegend, in der der Lindwurm sein Unwesen treibt, trägt unverkennbar Merkmale jenes Totenreichs. Sie ist wie dieses unsichtbar, dunkel, in „ewigem Nebel" verborgen. Der Zugang dorthin ist Menschen durch das „Geheul und das fürchterliche Knurren" des hundeköpfigen Drachens verwehrt, das dem eines Kerberos nicht unwürdig ist. Wie vom Reich der Toten gibt es für die, die sich dort hinauswagen, kein Zurück mehr: „… und zurück kam keiner, hatte er sich einmal allen Warnungen zum Trotz dort hinausgewagt", heißt es in der Sage vom *Lindwurm*. Der Ort, an dem der Lindwurm sich niedergelassen hat, ist mit einem Wort unwirtlich und gefährlich. Der Kampf mit ihm gestaltet sich zu einem Kampf mit dem Bösen selbst, und da der Lindwurm von dem Ort, an dem er haust, genauso wenig abzulösen ist wie die Nixe vom Schwarzen Felsen, ist es zugleich auch ein Kampf gegen eine lebensfeindliche, bedrohliche Umwelt.[108] Man hat den Lindwurm „in der weiten Ebene vom Wörthersee bis zur Drau" verortet, also im südlichen Umfeld des heutigen Klagenfurt. Gestrüpp bedeckte dort den Boden. Und da, wo später Klagenfurt entstehen sollte — an der Stelle des Drachenkampfes —, war über Jahrhunderte hinweg eine unwegsame Sumpflandschaft, die zu allem Überfluss auch noch regelmäßig von Überschwemmungen heimgesucht wurde. Später sollte hier der älteste Friedhof der Stadt, der Friedhof von St. Ruprecht, errichtet werden. Diese Gegend war den Toten vorbehalten: die ihre Ruhe haben wollten und die man auf keinen Fall wecken sollte, schon gar nicht durch Hornrufe zu mitternächtlicher Stunde wie in der Sage vom *Türmer*.

Bei der Sage vom *Lindwurm* handelt es sich eindeutig um eine sogenannte aitiologische Sage, eine Erklärungssage. Das Erschlagen des Drachens muss als das Urbarmachen eines unwirtlichen Landstrichs gelesen werden. Anstelle des Turmes, den der Herzog der Karnburg zur Bekämpfung des Ungeheuers hatte erbauen lassen, entstand ein prächtiges Schloss, das Gestrüpp wurde ausgerottet, der Sumpf trockengelegt und der Boden nutzbar gemacht. So entstand die älteste Ansiedlung an der Stelle der späteren Stadt Klagenfurt.

Das Untier, Ungetüm, Ungeheuer Lindwurm steht für das Unmenschliche, das durch und durch Chaotische, das sich jeder höheren Ordnung widersetzt und Zivilisation unmöglich macht. Er macht die Furt an der Glan, an der die Stadt entstehen soll, zu einer Furt der Klagen — zur Klagenfurt. Er muss überwunden werden. Anders als das Märchen und die epische Dichtung kennen die Sagen jedoch weder Helden noch Ritter, die als Deus ex machina auftreten und die Ungeheuer mit Schwert und Speer einfach aus der Welt schaffen. In der Welt der Sagen sind Bürger, Bauern und Knechte sich selbst überlassen beim Kampf gegen das Böse. Der Wandel vom Ritterlich-Heroischen zum Bürgerlich-Bäuerlichen der Sage wird gerade am Motiv des Drachenkampfs deutlich.[109] Die Knechte in der Sage — und auch das ist ein gängiges Motiv in den Volksdichtungen — stellen sich dem Lindwurm nicht im offenen Kampf, sondern sie greifen auf eine List zurück. Sie binden einen Stier als Lockmittel an eine Kette und erschlagen den Drachen, nachdem er den Köder geschluckt hat und hilflos an der Kette hängt. Bauernschläue statt heroischem Kampf. Egal. Das Ergebnis zählt.

Auffällig ist, dass es in der Gegend rund um den Wörthersee viele Kirchen gibt, die Drachenkämpferinnen und Drachenkämpfern wie der heiligen Margareta und dem heiligen Georg geweiht sind. Die Legenden beider wurden von den Viktringer Zisterziensern allenthalben verbreitet, die ihr Kloster im Jahr 1142 dank einer Schenkung des Grafen Bernhard von Spanheim und seiner Ehefrau Kunigunde unweit des Wörthersees gegründet hatten, um dort das Christentum zu verbreiten. In der christlichen Auslegung symbolisiert der Drachenkampf den Kampf des Heiligen gegen das Böse oder vielmehr noch den Kampf der Christen gegen das Heidentum.[110] Die Vermutung liegt nahe, dass in dem vermehrten Vorkommen von Drachen, Schlangen und Lindwürmern in den Sagen rund um den Wörthersee auch eine Anspielung auf die slawischen Missionierungswellen im 8., 9. und dann wieder im 12. Jahrhundert zu sehen ist. Es wimmelte offenbar nicht nur vor Schlangen im Kärntner Unterland, sondern auch vor Heiden.

WAHRHEIT

Der Klagenfurter Lindwurm hat im Laufe der Jahrhunderte eine Mutation durchgemacht: Er hat gewissermaßen Beine bekommen. Nach dem Fund des Wollhaarnashornschädels im Zollfeld hat sich das ursprünglich zweibeinige Drachentier zu dem Lindwurm mit vier Beinen und krallenartigen Füßen ausgewachsen. Als solcher ist er als das Wahrzeichen der Stadt auch heute noch am Neuen Markt zu bewundern.

Klage und Glan: Woher der Stadtname Klagenfurt kam

Was war zuerst da, die Henne oder das Ei, oder in unserem Fall: die Sage vom *Lindwurm* oder die unheimliche Drachengestalt im Klagenfurter Stadtwappen? Sagen zu datieren ist, da sie auf einer mündlichen Erzähltradition basieren, naturgemäß so gut wie unmöglich. Bei einem Wappen sieht das schon anders aus:

Das Stadtsiegel von Klagenfurt stammt aus dem Jahr 1287. Darauf abgebildet ist ein steinerner Turm mit drei Zinnen vor einem dunkelroten Hintergrund. Jener aus der Sage? Vor dem Turm, etwa auf halber Höhe, schwebt ein drachenartiges Ungeheuer vorbei, das sich aus drei Tieren zusammenzusetzen scheint: Es hat

Das Stadtwappen von Klagenfurt mit dem Lindwurm

einen Hundekopf, den Körper eines Vogels und endet als dreifach geringelte Schlange. Ein Lindwurm, mit einem Wort. Aber ist es der Lindwurm aus der gleichnamigen Sage? Wenn ja, hat diese ihre Wurzeln im 13. Jahrhundert. Schriftlich festgehalten wurde sie zum ersten Mal im Jahr 1608, und zwar im *Klagenfurter Schützenbuch*.[111]

Drachendarstellungen in Stadtwappen, die mit entsprechenden Gründungssagen verknüpft sind und oft auch in Verbindung mit der Georgslegende – dem Drachenkämpfer par excellence – stehen, waren durchaus an der Tagesordnung im Mittelalter. Darunter sind neben dem Wappen von Klagenfurt etwa diejenigen von Moskau, von Freiburg im Breisgau oder auch vom bayerischen Markt Wartenberg, das einen goldenen Drachen auf rotem Grund zeigt. Auch das Stadtwappen von dem gar nicht allzu weit entfernten Ljubljana im benachbarten Slowenien zeigt einen grünen, geflügelten Drachen auf einem Turm über einer Stadtmauer. Die Aufnahme von Ungeheuern in das Stadtwappen hatte vor allem eines: apotreptische Funktion. Sie sollten Unheil abwenden. Die Wappentiere dienten als Schutz- und Abwehrzeichen: War schon ein Drache vor Ort, würde sich wohl kein anderer mehr hier niederlassen wollen, um sein Unwesen zu treiben.[112] Ob als Abbild oder als Urbild, spielte keine große Rolle dabei, außer dass mit Ersterem statt Zweiterem die Einheimischen noch sicherer waren.

Der Lindwurmbrunnen wurde im Jahr 1583 in Auftrag gegeben und höchstwahrscheinlich von einem anonym gebliebenen Künstler errichtet. Er ist aus einem einzigen Block Chloritschiefer gehauen, der unweit am Kreuzbergl gewonnen wurde. Angeblich haben dreihundert weißgekleidete Männer das an die sechs Tonnen schwere Werk an seinen heutigen Platz transportiert. Der Brunnen, über dem der Lindwurm heute thront, kam erst im Jahr 1624 dazu, und 1636 ergänzte der Gurker Hofbildhauer Michael Hönel das Ensemble um die Statue des Herakles, des Prototypen des Helden schlechthin. Der für seine besondere Stärke und viele Siege bekannte Herakles schwingt eine Keule und erinnert damit an die tapferen Männer der Gründungssage, die das Ungeheuer erschlagen und den Klagen an der unwirtlichen Furt ein Ende gesetzt haben.

Hat Klagenfurt seinen Namen nun tatsächlich von dem Ungeheuer, das die Gegend in Angst und Schrecken versetzt hat? Von den Klagen, die es hervorgerufen hat? Die Meinungen darüber gehen auseinander, über den sprechenden Namen selbst hat man sich allerdings immer schon den Kopf zerbrochen. Schon weil er im deutschen Sprachraum der einzige ist, der das Wort Klage tatsächlich enthält. Dasselbe gilt übrigens auch für die slowenische Bezeichnung von Klagenfurt. Der Name Celôvec lässt sich auf „cvilja", Slowenisch für Klage, zurückführen. So weit eine vorläufige Deutung. Eine erste schriftliche Er-

klärung findet sich bei dem Zisterzienser Abt Johann von Viktring (um 1270–1345), seines Zeichens Hofkaplan und Schreiber des letzten Görzer Herzogs in Kärnten, Heinrich VI. von Kärnten und Tirol, und später des Habsburger Herzogs Albrecht II. von Österreich. Er übersetzt den Ortsnamen in seinem *Buch ausgewählter Geschichten* (*Liber certarum historiarum*), einer Chronik der Herzogtümer Österreich, Steiermark, Kärnten und Krain, die bis in die Karolingerzeit zurückreicht, wortwörtlich ins Lateinische: Aus der Klagenfurt wurde die Furt der Klage, das „vadum querimoniae". „Querimonia" kann auch eine juridische Bedeutung im Sinne von „Beschwerde" oder „Klage" haben, was gut zu der oben erzählten Sage *Wie Klagenfurt zu seinem Namen kam* passt, die von dem unglücklichen Bäckerjungen handelt, der zu Unrecht verurteilt und hingerichtet worden war. Woraufhin „die ganze Bürgerschaft einmütig beschloss, um nie wieder ihre Hände mit so himmelschreiender Ungerechtigkeit zu beflecken, dass hinfort der Ort Klagenfurt heißen und sich so die Klage über die begangene Tat auf die spätesten Enkel vererben solle". Die Erinnerung an das geschehene Unrecht an so prominenter Stelle wie im Stadtnamen sollte weiteres Unrecht für alle Zukunft verhindern. Auch heute noch glaubt man zu wissen, wo der Bäcker und der Richter einst gewohnt haben, nämlich in den Häusern mit den Nummern 2 und 33 auf dem Alten Markt.[113]

Liefert eine Sage den Versuch der Erklärung eines Namens, etwa eines Ortsnamens wie in diesem Fall, spricht man von einer *etymologischen Sage*. Die Wissenschaft der Etymologie befasst sich mit der Bedeutung und der Herkunft von Wörtern und Namen. Gerade so sprechende Namen wie „Klagenfurt" haben die Fantasie natürlich über Jahrhunderte hinweg angeregt. „Furt", der zweite Teil des Namens, machte dabei kein Kopfzerbrechen, denn die älteste Stadt, die Herzog Hermann von Kärnten († 1181) rund 1,3 Kilometer nördlich vom heutigen Stadtzentrum hatte erbauen lassen, lag doch recht unmittelbar an jener Furt über die Glan, wo schon in römischer Zeit die Straße von Virunum (dem Zollfeld) nach Emona (Laibach) geführt hatte.[114] Furt über die Glan – Glanfurt. Des Rätsels Lösung? Dagegen spricht sprachgeschichtlich so gut wie alles, etwa dass in sämtlichen Urkunden, in denen die Stadt genannt wird, und zwar von Anfang an, nie eine Schreibweise mit G belegt ist. Schon in der ersten urkundlichen Erwähnung um das Jahr 1196 heißt der Ort Chlagenvurt und nicht etwa Glagenvurt.

Die Furt war von Anfang an nie ganz einfach zu passieren gewesen, die Gegend an den Flussufern eine unwegsame Sumpflandschaft. Man kann sich vorstellen, dass es hier immer wieder zu Unfällen gekommen ist, oft auch zu solchen mit tödlichem Ausgang – allemal ein Grund zur Klage. Menschen neigten über Jahrtausende dazu, Dinge mit einer Bedeutung zu versehen, die über das Unmittelbare hinausging, vor allem dann, wenn es sich um bedrohliche handelte. Sie beließen es nicht bei den simplen Fakten. Der nüchterne Blick auf die Welt ist erst ein Erbe der Aufklärung. So vermuteten die Menschen, wie eine Variante der Erzählung zum Teil „Klagen-" im Stadtnamen lautet, in dem Sumpfgebiet zwischen Glan und Glanfurt eine Furt- oder Wasserfrau, die dort an den Bächen und Quellen ihre Wäsche wusch und Todesfälle ankündigte. Sie soll Klage geheißen haben, daher der Name der Stadt.[115]

Der österreichische Sprachforscher Heinz-Dieter Pohl ist des Rätsels Lösung mit Sicherheit am nächsten gekommen. Der Name Klagenfurt ist, so Pohl, ursprünglich romanischen Ursprungs und über die Vermittlung des Slowenischen ins Deutsche gekommen. Pohl hat die Bildung des slowenischen Namens Celôvec für Klagenfurt sprachwissenschaftlich rekonstruiert. Ausgangspunkt dafür war ein romanisches „l'aquiliu" mit der Bedeutung „Platz am Wasser". Mit dem Wasser war allerdings nicht der Wörthersee gemeint, sondern der Fluss Glan. Die romanische Ausgangsform wurde zunächst zu „la quiliu" umgeformt und ohne Artikel ins Slawische entlehnt. Den Lautgesetzen entsprechend, ist daraus „cvilj-" geworden, das man um die bei Flur- und Ortsnamen häufig vorkommende Endung „-ovec" erweitert hat, wodurch Cviljovec entstand. Rein zufällig bedeutet das ähnlich klingende slowenische Wort cvilja „Wehklage". Von da war es nicht mehr weit zur Furt der Klagen. Klagenfurt ist eine Stadt am Wasser, an der Glan. Oder doch am Wörthersee?

Anhang

Bibliografie

Adorno, Theodor W. / Berg, Alban: *Briefe und Briefwechsel, Band 2: Theodor W. Adorno/Alban Berg. Briefwechsel 1925–1935*, Frankfurt am Main 1997.

Bauer-Lechner, Natalie: *Erinnerungen an Gustav Mahler*, Leipzig/Wien/Zürich 1923.

Baum, Wilhelm: Der Klagenfurter Herbert-Kreis zwischen Aufklärung und Romantik, Revue Internationale de Philosophie, vol. 50, no. 197 (3), 1996, S. 483–514. JSTOR, http://www.jstor.org/stable/23954500. Zuletzt abgerufen am 25. April 2023.

Berg, Alban: *Briefwechsel Alban Berg – Helene Berg, Bd. 3, 1920–1935*, Kritische und kommentierte Edition. Aus den Beständen der Österreichischen Nationalbibliothek, Wien 2014.

Blumenberg, Hans: *Arbeit am Mythos*, Frankfurt 1979.

Böckel, Otto: *Die deutsche Volkssage*, Leipzig, Berlin 1914.

DEHIO Kärnten, basierend auf Vorarbeiten von Karl Ginhart, neubearbeitet von Ernst Bacher et alii, Wien 1976.

Demel, Eva: *Schwarzhafnerei im Lavanttal*, Klagenfurt 2008.

Deuer, Wilhelm: *Burgen und Schlösser in Kärnten*, Klagenfurt 2008.

Dinklage, Karl / Pernhart, Markus: *Burgen und Schlösser in Kärnten*, Institut für österreichische Geschichtsforschung, Mitteilungen 86 (1978).

Dinzelbacher, Peter: Der Liber de nymphis, sylphis, pygmaeis et salamandris, et de caeteris spiritibus, in: Albrecht Classen (Hg.): *Paracelsus im Kontext der Wissenschaften seiner Zeit*. Kultur- und mentalitätsgeschichtliche Annäherungen, Berlin/New York 2010.

Ender, Daniel: *Zuhause bei Helene und Alban Berg*, Wien 2020.

Fuchs, Anton: *Auf ihren Spuren in Kärnten: Alban Berg, Gustav Mahler, Johannes Brahms, Hugo Wolf, Anton Webern*, Klagenfurt 2005.

Gerndt, Helge: *Sagen – Fakt, Fiktion oder Fake? Eine kurze Reise durch zweifelhafte Geschichten vom Mittelalter bis heute*, Münster/New York 2020.

Gleirscher, Paul: *Mystisches Kärnten, Sagenhaftes, Verborgenes, Ergrabenes*, Klagenfurt 2006.

Le Goff, Jacques: *Die Geburt des Fegefeuers*, München 1990.

Gratzer, Robert: *Pörtschach, Großes Dorf an der Straßen*, Klagenfurt 1989.

Grimm, Jacob: Von Übereinstimmung der alten Sagen (1807), in: Ludwig Denecke (Hg.): *Schriften und Reden*, Stuttgart 1985.

Grimm, Jacob: Gedanken: Wie sich die Sagen zur Poesie und Geschichte verhalten. Zeitung für Einsiedler, 1808, 19. Jg., Nr. 20.

Gutjahr, Ortrud (Hg.): *Lulu von Frank Wedekind: GeschlechterSzenen in Michael Thalheimers Inszenierung am Thalia Theater Hamburg* (Theater und Universität im Gespräch), Würzburg 2005.

von Hohenheim, Theophrastus Bombast: *Buch von den Nymphen, Sylphen, Pygmaeen, Salamandern und den übrigen Geistern*, 1566 (2003), https://digitale.bibliothek.uni-halle.de/vd16/content/pageview/6841565. Zuletzt abgerufen am 25. Februar 2024.

König, Werner: Lulu und der Todeston ihrer Opfer, Archiv Für Musikwissenschaft, vol. 58, no. 1, 2001, S. 51–60. JSTOR, https://doi.org/10.2307/930978. Zuletzt abgerufen am 15. Juli 2023.

Kranzmayer, Eberhard: Etymologische Beiträge zur Entstehung des karantanischen Herzogtums, in: *Carinthia I. Jahrgang 115*, S. 3—6, Klagenfurt 1925.

Kraß, Andreas: *Meerjungfrauen, Geschichten einer unmöglichen Liebe*, Frankfurt am Main 2010.

Ladstätter, Andrea: Das Werzer Bad — ein letztes Zeugnis historischer Holzbau- und Badekultur, Masterarbeit, Universität für Bodenkultur, Wien 2009.

Mahler-Werfel, Alma: *Mein Leben*, Frankfurt am Main 1982.

Mahler-Werfel, Alma: *Gustav Mahler*, Frankfurt am Main 2012³.

Mahler, Gustav: *Ein Glück ohne Ruh. Die Briefe Gustav Mahlers an Alma*, Hg. Henry-Louis de La Grange und Günter Weiß, Berlin 1997.

Maierbrugger, Matthias: *Kärntner Sagenbuch*, Klagenfurt 1979.

von Massow, Albrecht: *Halbwelt, Kultur und Natur in Alban Bergs Lulu*, Stuttgart 1992.

Meier, Barbara: *Alban Berg*, Würzburg 2018.

Obermeier, Siegfried: *Kärnten, Ein Führer*, München 1980² (1975).

Petzoldt, Leander: *Einführung in die Sagenforschung*, Konstanz 2002³.

Peuckert, Will-Erich: *Sagen. Geburt und Antwort der mythischen Welt*, Berlin 1965.

Physiologus, übersetzt und herausgegeben von Otto Schönberger, Stuttgart 2001.

Proksch, T., Wolschner G. / Knappinger J.: *Flussstudie Sattnitz*, Wien 1991.

Pohl, Heinz-Dieter: *Kärnten — deutsche und slowenische Namen*, Wien 2000.

Ranke, Friedrich: Grundfragen der Volkssagenforschung, in: Niederdeutsche Zeitschrift für Volkskunde 3, 1925.

Rebschloe, Timo: *Der Drache in der mittelalterlichen Literatur Europas (Beiträge zur älteren Literaturgeschichte)*, Heidelberg 2014.

Reich, Willi: *Alban Berg. Leben und Werk*, München 1985.

Röhrich, Lutz: Drache, in: *Enzyklopädie des Märchens. Handwörterbuch zur historischen und vergleichenden Erzählforschung*, Band 3, Hg. Kurt Ranke, Berlin/New York 1981, S. 787—820.

Röhrich, Lutz: Elementargeister, in: *Enzyklopädie des Märchens. Handwörterbuch zur historischen und vergleichenden Erzählforschung*, Band 3, Hg. Kurt Ranke, Berlin/New York 1981, S. 1316—1326.

Röhrich, Lutz: Hund, Pferd, Kröte und Schlange als symbolische Leitgestalten in Volksglauben und Sage, Zeitschrift Für Religions- und Geistesgeschichte 3, no. 1 (1951): 69—76. http://www.jstor.org/stable/23897263.

Röhrich, Lutz: Zur Deutung und Be-Deutung von Folklore-Texten, vol. 26, no. 1—2, 1985, S. 3—28. https://doi.org/10.1515/fabl.1985.26.1-2.3

Röhrich, Lutz: *Sage*, Stuttgart 1966.

Rosenberger, Werner: *Die Villen vom Wörthersee*, Wien 2022.

Rohsmann, Arnulf / Pernhart, Markus: *Die Aneignung von Landschaft und Geschichte*, Klagenfurt 1992.

Schorske, Carl E.: *Wien. Geist und Gesellschaft im Fin de Siècle*, Wien 2017.

Schröder, Friedrich: *Die weiße Schlange: Annäherung an ein Ursymbol in einem Märchen der Brüder*

Grimm. Eine tiefenpsychologische Interpretation, Stuttgart 2013.

Thomann, Günther: Die Armen Seelen im Volksglauben und Volksbrauch des altbayerischen und oberpfälzischen Raumes. Untersuchungen zur Volksfrömmigkeit des 19. und 20. Jahrhunderts, in: *Verhandlungen des Historischen Vereins für Oberpfalz und Regensburg*. Teil I: Bd. 110 (1970), Hg. Historischer Verein für Oberpfalz und Regensburg, S. 115–179.

Ulm, Renate: *Gustav Mahlers Symphonien. Entstehung – Deutung – Wirkung*, Kassel 2001.

Van Effelterre, Katrien: Wiedergänger, in: *Enzyklopädie des Märchens*, Hg. Rolf Wilhelm Brednich, Heidrun Alzheimer, Hermann Bausinger, Wolfgang Brückner, Daniel Drascek, Helge Gerndt, Ines Köhler-Zülch, Klaus Roth, Hans-Jörg Uther. Berlin, Boston: De Gruyter, 2016. https://www.degruyter.com/database/EMO/entry/emo.14.150/html. Zuletzt abgerufen am 3. Mai 2023.

Weichard von Valvasor, Johann: *Topographia archiducatus Carinthiae*, Nürnberg 1688 (Nachdruck Klagenfurt 1975).

Wlattnig, Robert: *Rudolfinum – Jahrbuch des Landesmuseums für Kärnten, Bericht der einzelnen Kustodiate*, Abteilung für Kunstgeschichte, Klagenfurt 2004, 383–391.

Der Wörthersee, Aus Natur und Geschichte, Hg. Wolfgang Honsig-Erlenburg und Werner Petutschnig, Klagenfurt 2011 (zitiert als *Der Wörthersee*).

Online-Quellen

http://www.kleindenkmaeler.at/detail/gedenktafel_ottilie_von_herbert

http://www.woerthersee-architektur.at

https://brand-history.com/seehotel-werzer-wallerwirt-gmbh

https://www.aau.at/universitaetsbibliothek-klagenfurt/sondersammlungen/kostbarkeiten-aus-der-bibliothek/immanuel_kant/

https://www.klagenfurt.at/stadtinfo/geschichte-persoenlichkeiten/historischer-ueberblick

https://www.leonstein.poertschach.net

https://www.sagen.at/texte/sagen/oesterreich/kaernten/Graber/sagen_kaernten_graber.htm

https://www.sueddeutsche.de/politik/architektur-belle-epoque-der-sommerfrische-1.2985741

Anmerkungen

1	Grimm 1816/18, 1. Vorrede	33	Goethe, *Der Fischer*
2	Böckel 1914, 9	34	http://www.kleindenkmaeler.at/detail/gedenktafel_ottilie_von_herbert
3	Petzoldt 2002³, 108		
4	Homer, *Ilias* 1	35	Rosenberger 2022, 231
5	Gen 6,5–9,17	36	Baum 1996, 486
6	Gen 7,11	37	Rosenberger 2022, 232
7	Ovid, *Metamorphosen* 1, 260 f.	38	Rosenberger 2022, 233
8	Schlamberger, in: *Der Wörthersee*, 2011, 34	39	Ranke 1925, 3
9	Schlamberger, in: *Der Wörthersee*, 2011, 35	40	Reichelt, in: *Der Wörthersee*, 322
10	Friedl, Woschitz, in: *Der Wörthersee*, 2011, 343	41	Rosenberger 2022, 258
11	Proksch et al. 1991	42	Reichelt, in: *Der Wörthersee*, 32
12	Deuer in: *Der Wörthersee* 2011, 13	43	Wlattnig 2004, 389
13	Blumenberg 1979, 41	44	Rohsmann 1992, 289
14	Barthes 1974, 251	45	Rosenberger 2022, 257
15	*Liber* I, 1, 48	46	Zweig, *Die Welt von Gestern*, 20
16	*Liber* I, 50	47	Zweig, *Die Welt von Gestern*, 24
17	Dinzelbacher 2010, 25	48	Ulm 2001, 227
18	*Liber* I, 2, 50	49	Mahler-Werfel 2011³
19	Röhrich 1981, Sp. 1319	50	Mahler-Werfel 1982, 32
20	Dinzelbacher 2010, 25	51	Mahler-Werfel 1982, 35
21	*De occulta philosophia* 3, 16, dazu Röhrich 1981, Sp. 1319	52	Mahler-Werfel 1982, 33–35
22	Goethe, *Faust* 1272 ff.	53	Mahler-Werfel 1982, 42
23	Kraß 2010, 13	54	Ender 2020, 89
24	*Liber* I, 52	55	*Konvolut zum Waldhaus*, Alban Berg Stiftung
25	*Liber* III, 63	56	Fuchs 2005, 23
26	Petzoldt 2002³, 127	57	Ender 2020, 192
27	*Liber* III, 63	58	Rosenberger 2022, 204
28	Homer, *Odyssee* 12, 40–46	59	Ender 2020, 68 f.
29	Kraß 2010, 57	60	Meier 2018, 241
30	Kraß 2010, 345	61	Alban Berg, Helene Berg 2014, 733
31	Goethe, *Der Fischer*	62	Adorno, Berg 2018, 325
32	Kraß, 2010, 25	63	Fuchs 2005, 27
		64	Ender 2020, 111 u. 117

65	*Lulu*, Prolog	96	Schorske 2017
66	*Lulu*, Prolog	97	Gleirscher 2006, 13
67	König, 2001, 51	98	Rebschloe 2014, 89
68	Fuchs 2005, 29	99	Rebschloe 2014, 89
69	Rosenberger 2022, 208	100	Rebschloe 2014, 89
70	Grimm 1808	101	Hesiod, *Theogonie*, 320
71	Grimm 1807	102	Homer, *Ilias* 3, 33–35
72	Petzoldt 2002³, 136	103	*De animalibus* Libri XXVI, Kap. XXV, Abschnitt 27
73	Röhrich 1966, 49		
74	Petzoldt 2002³, 163	104	*Physiologus*, Kapitel 11
75	Le Goff 1990, 164 ff.	105	Rebschloe 2014, 89
76	Augustinus ad 1 Kor 3,13–15	106	Röhrich 1951, 74
77	Dante, *Divina Commedia*, Purg. 12, 112–114	107	Röhrich 1981, 790
78	Thomann 1970, 117	108	Röhrich 1981, 815
79	DEHIO 1976, 563	109	Röhrich 1981, 803
80	DEHIO 1976, 564	110	Rebschloe 2014, 71
81	Happ, in: *Der Wörthersee*, 2011, 257	111	Gleirscher 2006, 13
82	DEHIO Kärnten	112	Rebschloe 214, 340
83	Deuer 2008, 9	113	Gleirscher 2006, 62
84	DEHIO Kärnten	114	Gleirscher 2006, 59
85	Deuer 2011, 110	115	Kranzmayer 1925
86	Deuer 2011, 108		
87	Demel 2007, 45		
88	Deuer 2011, 111		
89	Gratzer 1989		
90	Gratzer 1989, 7		
91	Gratzer 1989, 11		
92	Ladstätter 2009, 41		
93	Gratzer 1989, 18		
94	Staatsbibliothek zu Berlin, Musikabteilung mit Mendelssohn-Archiv, SIGNATUR: Mus. Nachl. K. Schumann 7, 158		
95	zitiert bei Fuchs, 2005, 60		

Serviceteil

Wörtherseemandl
Das Wörtherseemandl befindet sich an der Weggabelung Kramergasse–Doktor-Arthur-Lemisch-Platz in Klagenfurt und wurde 1962 vom Klagenfurter Künstler Heinz Goll geschaffen.

Maria Wörth
Tourismusinformation
Seepromenade 5, 9082 Maria Wörth
Tel.: +43 (0) 4273 / 2240-0
Fax: +43 (0) 4273 / 3703
E-Mail: mariawoerthinfo@ktn.gde.at
Öffnungszeiten: Montag bis Freitag 8:00–12:00 und 12:30–16:00

Das »Engelsnest zu Reifnitz«
Seenstraße 14, 9082 Maria Wörth
Eine Gedenktafel erinnert an Ottilie Freiin von Herbert. Sie wurde zu ihrem 160. Todestag durch die Dorfgemeinschaft Reifnitz errichtet; öffentlich zugänglich.

Herbertstöckl
St. Veiter Ring 1,
9020 Klagenfurt am Wörthersee

Villa Schwarzenfels
Wörthersee-Süduferstraße 17, 9073 Maiernigg
Die Villa Schwarzenfels steht am Südufer des Wörthersees in der Ortschaft Maiernigg der Gemeinde Maria Wörth im Bezirk Klagenfurt-Land in Kärnten. Die Villa steht mit der zinnenbekrönten Stützmauer unter Denkmalschutz.

Villa Mahler-Siegel
Wörthersee-Süduferstraße 23,
9073 Maiernigg

Gustav-Mahler-Komponierhäuschen
Öffnungszeiten: Donnerstag bis Sonntag 10:00–13:00 (Anfang Mai bis Ende Oktober); das Komponierhäuschen ist vom Parkplatz des Strandbades Maiernigg aus zu Fuß in ca. 15 Minuten erreichbar.

Alban Bergs Waldhaus in Auen
Auen-Bergweg 22, Schiefling, 9220 Velden
Virtueller Rundgang durch Alban Bergs Waldhaus: https://panorama.egm.at/virtueller-rundgang-durch-das-waldhaus-von-alban-berg-in-auen

Burgruine Reifnitz
Reifnitz, 9081 Maria Wörth
Sehr ausgedehnte Anlage aus vorromanischer bis gotischer Zeit, Drillingsburg, Margarethenkirche inmitten der Mauerreste der Burgruine.

Burgruine Leonstein
Burgruine Leonstein, 9210 Pörtschach
Öffnungszeiten: immer samstags 13:00–18:00 von Mai bis Oktober; weitere Informationen: www.leonstein.poertschach.net oder Herr Schorn, Tel.: +43 (0) 699/172 03 097

St. Margarethen-Kapelle
Kath. Filialkirche St. Margarethen,
Maria Wörth-Reifnitz

Biographien

Der »Opfer- oder Hexenstein«
Südlich von Reifnitz im Wald unter dem Burgfelsen befindet sich der sogenannte Opfer- oder Hexenstein.

Pfarrkirche Stift Viktring (Maria vom Siege)
Stift-Viktring-Straße 25, 9073 Viktring
Web: http://www.stiftviktring.at

Schloss Leonstain
Leonstainerstraße 1, 9210 Pörtschach
Das Schloss wird heute als Hotel geführt;
Tel.: +43 (0) 4272 2816

Werzers Badehaus
Werzerpromenade 8, 9210 Pörtschach
Tel.: +43 (0) 4272/2231-138
E-Mail: badehaus@werzers.at
Web: https://badehaus.werzers.at

Villa Schnür samt Bootshaus
Hauptstraße 261,
9210 Pörtschach

Lindwurmbrunnen
Neuer Platz, 9020 Klagenfurt am Wörthersee
Öffnungszeiten: rund um die Uhr
Tel.: +43 (0) 463 5370

Maria-Christine Leitgeb
Studium der Klassischen Philologie an der Universität Wien; seit 1999 Forschungs- und Lehrtätigkeit an der Akademie der Wissenschaften der Universität Wien und an der Universität Salzburg. Zahlreiche Lehrveranstaltungen und Publikationen zum griechischen Mythos und zur griechischen Philosophie; im Juni 2012 Habilitierung an der Universität Wien über Renaissanceplatonismus. Mit ihrer Sprachagentur ist sie als Ghostwriterin, Lektorin und Dramaturgin für Theater und Festivals tätig.
www.diesprachagentur.com

Valentin Stossier
ist als Nachfahre einer seit 400 Jahren in Pörtschach ansässigen großen Familie am 31. Jänner 1934 in Klagenfurt geboren worden. Nach Abschluss seiner Ausbildung im Fach Maschinenbau begann er 1955 im Familienunternehmen, der Valentin Stossier Pressenfabrik in Pörtschach, zuerst als Zeichner, dann als Konstrukteur, Reisemonteur, Kostenrechner und ab 1972 als Geschäftsführer zu arbeiten. 2015 verkaufte er die Marke Valentin Stossier samt allen mustergeschützten Artikeln an die Milteco GmbH. Er ist dem Wörthersee seit jeher verbunden und verfügt wie kaum ein anderer über einen reichen Schatz an Geschichten über die Region.

Bildnachweis
© APA Picturedesk: 22 f.
© Archiv Valentin Stossier: 12, 14, 150
© Kärntner Landesarchiv: 16
© Österreichische Nationalbibliothek – ANNO: 136
© RINK Media: 25, 40 f., 43, 68, 70, 72, 77, 78, 81, 85, 98, 100, 105, 114, 122, 125, 126 f., 128, 132, 135, 139, 142, 147, 154, 162, 175
© Schloss Seefels: 157
© WikiCommons: 117, 180

Bibliografische Information der Deutschen Nationalbibliothek
Die Deutsche Nationalbibliothek verzeichnet diese Publikation in der Deutschen Nationalbibliografie; detaillierte bibliografische Daten sind im Internet über http://dnb.dnb.de abrufbar.

© 2024 Edition Kunstschrift im Residenz Verlag, Salzburg

Alle Rechte, insbesondere das des auszugsweisen Abdrucks und das der fotomechanischen Wiedergabe, vorbehalten.

Umschlagabbildung: © akg-images / picturedesk.com
Grafische Gestaltung, Satz: Kevin Mitrega, Schriftloesung
Lektorat: Clara Schermer
Gesamtherstellung: Samson Druck, St. Margarethen im Lungau

ISBN 978-3-99053-044-3